고통의 틈에서 아름다움 찾기

Finding Beauty in the Crevices of Pain

고통의 틈에서 아름다움 찾기
슬픔과 미망인의 여정에 대한 회고
Finding Beauty in the Crevices of Pain

펠리시아 G Y 램 지음

강준호 옮김

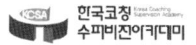

FINDING BEAUTY IN THE CREVICES OF PAIN
Copyright ⓒ 2019 by Felicia G Y Lam
All rights reserved.
No part of this book may be used or reproduced in any manner whatsoever
without written permission except in the case of brief quotations embodied in
critical articles or reviews.

Korean Translation Copyright ⓒ 2023 by Korea Coaching Supervision Academy
Korean edition is published by arrangement with Coaching at End of Life LLC.
through Imprima Korea Agency

이 책의 한국어판 저작권은 Imprima Korea Agency를 통해
Coaching at End of Life LLC.사와의 독점 계약으로
한국코칭수퍼비전아카데미에 있습니다.
저작권법에 의해 한국 내에서 보호를 받는 저작물이므로
무단전재와 무단복제를 금합니다.

이 책을 내 영원히 사랑하는 남편, 인생의 사랑,
아이들의 아버지, 최고의 친구에게 바친다.

갠 아이크 벤 Gan Aik Ben
1957. 6. 11 ~ 2008. 1. 5

"벤, 당신과 함께했던 최고의 순간들에 감사합니다."

목 차

역자 서문 8

서문 16

1장. 슬픔의 여정 21

2장. 누군가를 그리워하는 감정 27

3장. 내 중요한 다른 모습 만나기 43

4장. 당신의 마음은 알 것이다 51

5장. 결혼 57

6장. 부모가 되면서 우리는 성숙한다 71

7장. 당신이 바쁠 때 인생의 사건이 발생한다 81

8장. 배우자의 간병인이 될 때 87

9장. 순간들을 수집하기 97

10장. 인생의 마지막 날들 107

11장. 새로운 일상 찾기 113

12장. 우울증	⋯⋯ 123
13장. 기도	⋯⋯ 127
14장. 변화는 결코 쉽지 않다	⋯⋯ 137
15장. 외로움	⋯⋯ 145
16장. 빛의 근원	⋯⋯ 151
17장. 어색한 나이	⋯⋯ 157
18장. 데이트하기	⋯⋯ 161
19장. 영혼의 결속	⋯⋯ 173
20장. 아버지의 유산	⋯⋯ 179
21장. 새로운 날이야	⋯⋯ 185
후기: 성찰	⋯⋯ 197
죄인의 기도	⋯⋯ 202
참고 문헌	⋯⋯ 203
저자 및 역자 소개	⋯⋯ 204

역자 서문

이 책은 단순히 상실과 그것의 극복에 관한 내용을 보여주는 이야기는 아니다. 이 에세이는 깊은 상실의 슬픔을 겪은 미망인이 자신의 삶 전반을 회고하며 인생에서 가장 소중한 이와 함께한 지극히 개인적인 만남과 이별의 이야기를 담고 있으며, 자신이 죽음과 상실의 슬픔을 이해, 수용하고 앞으로 나아가기 위해 어떻게 생각하고 느끼고 행동하는지에 관한 현재 진행형의 내용을 담고 있다.

우리는 모두 각자가 체험한 그리고 지금 마주하고 있는 삶의 스토리들이 다르기에 저마다 인생에서 겪는 죽음, 상실에 대응하는 방식 역시 다를 수밖에 없을 것이다. 그렇지만 저자의 매우 개인적인 이야기를 통해 내 안의 슬픔과 고통이 공명하는 경험을 하고 거기에서 새로운 통찰과 힘을 얻을 수 있을 것으로 생각한다. 저자의 이야기를 읽으며 자신의 상황이 떠오르고 저자와 함께 고통과 슬픔의 이야기를 나누고 '그럼에도 불구하고' 살아나갈 위안을 얻는 것이 이 에세이의 가치가 아닐까 생각한다.

죽음과 상실이라는 주제는 이 세상에 태어난 인간이라면 누구도 피할 수 없는 중대한 사건이다. 우리는 나이가 들면서 가족, 학교 친구, 가까운 지인들의 죽음을 맞이하게 된다. 한때 함께 웃고 체온과 정을 나누던 이들이 싸늘하게 누워있는 모습을 보는 것은 우리의 존재와 영혼에 심각한 파문을 일으킨다. 이 에세이를 번역하며 나는 초등학교 입학 전 흰 소복을 입고 관에 누워있던 친어머니의 모습과 어린 시절부터 나를 돌봐 주신 할머니의 염을 해드리던 장면이 차례로 눈앞에 떠올랐다. 그리고 실험실 폭발 사고로 죽은 친한 대학 친구와 대학원 재학 중 질병으로 사망한 절친했던 선배 형의 모습도 생각났다. 지금도 나는 이들과의 추억을 잊지 못하고 그들과 함께 나눈 체온과 즐거운 순간들이 마치 어제 일처럼 떠오른다.

이 책의 저자가 친구와 함께 나눈 대화 가운데 '슬픔은 결코 끝나지 않아요. 지금 느끼는 모든 것을 있는 그대로 허용하세요. 왜냐하면 슬픔은 그들에 대한 당신의 깊은 사랑과 친밀했던 관계의 결과이기 때문이에요'라는 설명과 "배우자나 자녀가 죽었을 때 그들을 향한 사랑은 결코 멈추지 않는다. 사랑이 끝나지 않았는데 왜 슬픔이 끝나기를 기대하는가?"라는 설명에 고개를 끄덕일 수밖에 없었다. 예전에 어느 유투버가 엄마를 잃은 슬픔에 대한 심정을 다음과 같이 설명했다. "엄마가 돌아가시기 전에도 우리가 매 순간을 엄마와 함께 있지는 않잖아요. 가끔 전화 통화를 하며 엄마가 저기 어딘가 있구나 하는 것을 느끼는 것이죠. 저는 엄마가 돌아가신 뒤에도 마찬가지라고 생각해요. 지금 비록 전화를 하거나 얼굴을 볼 수는 없더라도 저기 어딘가에 분명히 엄마가 있다고 생각해요." 그렇게 우리는 떠난 이들을 마음에 품고 사는지도 모르겠다.

처음에 이 책을 번역할 때만 하더라도 상실과 죽음을 극복하는 다소 교훈적 이야기를 상상했다. 그러나 자신의 어린 시절, 연애 이야기, 결혼과 부부 사이의 갈등, 남편의 질병과 간병인 생활, 남편이 죽은 뒤 느끼는 외로움과 직장 생활의 어려움 등에 관한 솔직한 이야기에 웃고 공감하고 함께 아파하는 내 모습을 발견할 수 있었다. 그리고 죽음과 상실은 이성만의 영역도 감성만의 영역도 아닌 그냥 삶 자체라는 것을 느낄 수 있었다.

저자의 삶에서 공감한 또 다른 내용은 엄마와의 관계에 대한 얽힘과 풀림에 관한 사연이었다. 그것은 '가족사의 대물림'이라고 흔히 언급되는 주제이기도 하다. 개인적으로 '버트 헬링거Bert Hellinger 박사님 방식의 가족 세우기constellations' 촉진자 과정과 워크숍을 몇 년간 경험하며 다양한 가족사의 운명적 얽힘을 눈앞에서 볼 수 있는 소중한 체험을 했다. 그리고 겉보기에 불행하고 파괴적으로 얽혀 있는 많은 개인사의 밑바닥에 도도하게 흐르는 영적 차원에서의 지극한 사랑을 체감했다. 저자의 엄마가 딸의 임신, 출생을 원하지 않았다고 하는 내용과 그런데도 아이를 버리고 떠날 수 없었던 사연, 이후에 엄마와 딸이 화해하는 장면에서 또 다시 깊은 사랑을 느낄 수 있었다. 그런 면에서 이 에세이는 가족 역동 측면에서도 통찰을 안겨주었다.

그리고 이 에세이를 관통하는 또 다른 주요 주제는 기독교적 체험에 관한 내용이다. 나는 개인적으로 아주 어린 시절 할머니에게 이끌려 절에 다니며 불교적 가르침을 배웠고, 사회에 나와 인생의 어려움에 처했을 때 성당에서 깊은 위안을 체험했다. 지금은 교회에 다닌다. 그래서 저자의 신앙 체험에 대한 일련의 사건들을 깊이 공감할 수 있었다. 이것은 비단 기독교라는 종교적 체험만을 의미하는 것은 아니다. 이것은 죽음과 상실이라는 주제가 '인생에서 마주하는 고통과 그 해결'이라는 종교적 체험에 깊숙이 연결되어 있는 내용이다. 저자는 이에 대해 "인간에게 시작은 있지만 끝이 없다는 것은 아주 정신이 번쩍 드는 생각이다. 영혼은 죽을 수가 없으므로 태어난 모든 사람은 결코 존재를 멈출 수 없다.", "천국이 있다는 관점이 현재 인간의 삶을 덜 소중히 여긴다는 의미는 아니다. 삶은 살아있는 자를 위한 것이므로 이것이 삶의 목적을 없애지는 않는다. 삶의 가치를 짐이 아닌 선물로 보는 것은 나를 더 충만하게 살 수 있게 해준다. 그것은 내가 진정으로 사랑하는 법을 배운 만큼 깊이 있게 사는 법을 가르쳐준다."라고 설명한다. 그리고 이러한 지금의 삶 너머에 대한 초월적 개념이 비단 특정 종교에 국한된 믿음이 아님을 우리는 안다. 이러한 초월에 대한 개념은 현생에서 죽음과 상실의 슬픔을 용기 내어 마주볼 수 있는 동인을 제공하기도 한다.

나는 과거 1년 가까이 엄마에 대한 애도 작업을 한 적이 있었다. 내 삶에서 애써 외면했던 죽음과 상실에 대한 쓰라린 슬픔을 체험했다. 그리고 깊은 애도와 함께 이제는 놓아 보내드리고released 엄마와 나 사이 영혼의 결속soul tie이 가볍게 되며 축복blessing을 받는 것을 느끼는 풀림의 순간을 경험했다. 저자는 이러한 순간을 다음과 같이 설명한다. "그 순간을 알리는 번개나 천둥소리는 없었다. 그러나 나는 즉시 무언가 바뀌었다는 것을 느낄 수 있었다. … 마음 한 구석에 묶여 있던 일종의 깊은 슬픔 같은 고통의 무게가 순종하며 떠나갔다. … 나는 고통과 무거움이 더는 존재하지 않는다는 것을 알아차렸다. 고통의 무게를 짊어지던 그 같은 공간이 텅 빈 공기 주머니 같은 느낌이었다." 물론 저자의 설명과 마찬가지로 여전히 내 마음속에는 먹먹한 슬픔이 존재한다. 그러나 세상을 살아나가는 힘도 동시에 존재한다.

저자는 또한 반려자를 잃은 슬픔으로 인해 느낀 자살 충동에 대해서도 숨김없이 이야기한다. 그러면서 자신의 언니가 젊은 시절 자살했다는 이야기를 하면서 자신도 자살 충동에 시달리지만 이에 굴복하지 않는 회고 장면이 나온다. "(언니와 같은) 동일한 내면의 소리가 또 다시 이기지 않도록 하겠다는 마음이 더욱 굳어졌다." 지금 이 순간 스스로 목숨을 끊고 싶다는 심정을 느끼는 분들이 있다면 인간은 누구나 예외 없이 죽는 법이니 저자가 설명하는 것처럼 현재 순간을 '한 번에 한 호흡씩' 살아보자고 응원하고 싶다.

지금의 나는 돌아가신 엄마보다 훨씬 더 많은 나이가 되었다. 나는 요즘도 아침에 눈을 떠서 죽음 명상과 기도를 자주 한다. "나는 오늘 죽을 수도 있고, 한 시간 뒤에 죽을 수도 있고, 몇 분 뒤에 죽을 수도 있다. 죽는다는 절대적인 진리 앞에서 지금 나는 무엇을 위해, 어디를 향해 살아가고 있는가?" 나는 반드시 죽을 것이라는 것을 몸으로 경험하면 감사가 생겨나고 걱정이 사라지며 연민과 친절이 솟아난다.

세상에 그저 찾아오는 인연은 없는 법이다. 이 에세이의 번역이 내게 맡겨진 이유 역시 이러한 저자의 인생사를 공감할 적임자를 찾아온 것이 아닐까 싶다. 민감하고 감성이

풍부한 저자 특유의 섬세한 글이 번역 과정에서 다소 밋밋하고 단조로운 문체로 전달되지 않았을까 하는 우려가 있다. 그렇지만 죽음과 상실의 슬픔을 겪고 있거나, 이들에게 도움을 주려는 분들에게 좋은 내용이라 생각하기에 추천하고 싶다.

강준호 코치

서문

정확하게 10년 전 오늘 2008년 1월 5일, 내 사랑하는 배우자 벤은 주님께 부름을 받았다. 크리스마스, 새해처럼 특별한 날에는 더 아픈데 그런 날은 조용히 지나가는 게 더 좋다. 배우자가 죽은 뒤 특별히 그를 덜 생각한 날이 없는데 왜 어느 날이 다른 날보다 더 중요하거나 특별할까?

사랑하는 사람을 잃는다는 것은 항상 고통스럽고 어려운 일이다. 왜냐하면 사랑하는 이가 죽으면 그것이 현실이 아닌 느낌이 들기 때문이다. 마치 외부에서 자신을 지켜보는 것처럼 며칠 동안 멍하니 떠다니는 느낌이 든다.

머릿속에서 일어나는 모든 일을 설명할 단어가 없다. 나중에 누군가 당신 안부를 물을 때 당신이 이야기하는 모든 반응이나 경험은 내면에서 울리는 모든 비명 가운데 극히 일부에 불과할 수 있다.

갑자기 아무것도 중요하지 않은 것 같다. 앞으로 남은 날들은 길고 위협적인 길처럼 보이며 나머지 여정을 혼자 할 수 없다고 진정으로 믿는다.

엄청난 교통 체증 속에서 완전히 정지한 것처럼 머릿속의 모든 것이 멈추는 것 같다. 사랑하는 사람 없이는 생각하거나 겉보기에 단순한 결정을 내릴 수도 없다. 그래서, 그들이 아직 당신과 함께 있다면 그것을 좋아했을까에 따라 결정한다.

죽음 자체보다 슬픔을 마주하는 것이 훨씬 더 고통스러워 매일 당신은 떠나버린 사랑하는 이와 자신의 상황을 맞바꾸기를 바란다. 슬픔의 어둠과 구렁텅이를 통과해본 사람이 아니면 내가 의미하는 바를 알지 못할 것이다.

가까운 사람이 사망하면 육체적 차원에서만 그 사람을 잃는 것이 아니다. 당신은 존재하는지 몰랐던 상실을 마주한다. 당신의 고통은 그 사람 존재의 상실과 관련이 있다.

그저 절반이 비어 있는 침대에서 자고, 한때 익숙했던 동행, 포옹을 원하는 것만이 아니라 사랑하는 사람에 대한 당신 인생의 모든 이정표가 사라지는 것이다.

죽은 이의 개인 소지품을 분류, 포장하거나 다음 날 관련 서류를 처리하는 작업은 때때로 극복할 수 없는 일처럼 보일 것이다. 결국 그것은 사랑하는 사람 인생의 마지막 장을 마무리하는 것이다. 당연히 어렵지만 필요하다.

그 모든 무게로 당신을 압도하며 위협하는 눈앞의 혼돈을 느낄 수도 있다. 그렇지만 겁먹지 마라. 하나의 작업에서 시작해 하나씩 용감히 수행하라. 당신이 수행하는 모든 간단한 작업으로 인해 처음에서 점차 나아가게 될 것이다.

슬픔의 과정을 겪는 도중 주변 사람들의 의견은 무시하라. 당신 외에는 아무도 당신 자신이 어떤지, 당신이 사랑하는 사람을 위해 슬퍼하는 것이 어떤 것인지 모른다. 모든 슬픔은 개인적이며 저마다 고유한 고통과 치유 리듬이 있다.

배우자와 공유하는 각각의 인생 이야기는 독특하다. 따라서 다른 미망인들이 같은 강도로 느끼지 못할 수 있다. 그들은 자신들이 말하는 내용을 알지 못하니 용서하라.

여유를 가지고 새들의 지저귐을 들어보라. 자연의 푸르름을 깊숙이 응시하고 당신을 맞이하는 꽃들의 미소를 되돌려주라. 위에 계신 하나님에게서 오는 평화의 강으로 뛰어들라. 다른 것이 의미가 없을 때는 그것에 대해 더는 생각하지 마라. 당신의 숨을 손에 쥐고 살아갈 날을 아시는 오직 한 분에게 어린아이처럼 의지하는 법을 배우라.

『먹고 기도하고 사랑하라Eat, Pray, Love』에서 저자 엘리자베스 길버트Elizabeth Gilbert는 말했다.

> 깊은 슬픔은 때로 특정 위치, 시간의 지도 좌표와 거의 같다. 그 슬픔의 숲에 서 있을 때는 더 나은 곳으로 가는 길을 찾을 수 있다는 것을 상상할 수 없다. 그러나 누군가 자신과 같은 위치에 서 있었고 이제는 나아갔다고 확신할 수 있다면 때때로 이를 통해 희망을 가질 것이다.

당신은 살아있으므로 모든 것이 나아질 것이라는 약속이 매일 나타날 것이다. 『마음속의 빛The Light in the Heart』의 저자인 로이 베네트Roy T. Bennett의 지혜를 본보기 삼아 "과거는 거주지가 아니라 참고하는 곳이다. 과거는 삶의 장소가 아니라 배움의 장소이다."

10년이 흘렀지만 엊그제 일처럼 느껴진다. 벤, 두 아들과 나는 여러 곳을 다니며 함께 삶을 살았다. 여전히 다른 날보다 다소 힘든 날이 있다. 내가 얼마나 오랫동안 슬퍼할지는 그 끝을 모른다. 인생에서 벌어진 한 번의 사건이었지만 내 모든 것을 바꿔 놓았다. 평생 다양한 방식으로 지속하는 개인적 상실이 남아 있는 것이다.

지난 10년간 내가 배운 것이 있다면 다음과 같다. 비록 모든 것을 이해할 수는 없지만 나는 여전히 하나님을 신뢰한다. 나는 우리가 그리스도 안에 있기 때문에 우리 사이의 이별이 현재 순간만이라는 것을 알기에 희망과 심지어 기쁨으로 매일을 살기로 결심한다.

1장
슬픔의 여정

이것이 우리가 계속하는 방식이다.
한 번에 하루, 한 번에 식사, 한 번에 고통, 한 번에 호흡
– 스티븐 킹Stephen King, 자루 속의 뼈Bag of Bones

나는 자신의 슬픔grief을 어떻게 다룰지 계획하지 못했다. 그의 죽음에 대해 어느 정도 준비가 되어 있었지만, 나를 기다리는 상실loss과 슬픔에 대해 여전히 그렇게 준비되지 않았다는 것을 깨닫지 못했다.

지난 몇 달 동안 나를 넋 나가게 한 어떤 감정들이 자신도 모르게 스며들었는지 전혀 몰랐다. 난 그저 존재만 했을 뿐 그 외에는 무슨 일이 일어나는지 전혀 눈치채지 못했다. 마치 완전히 다른 영역으로 통하는 문을 찾은 것 같았다.

오랫동안 머리 속에서 망가진 레코드판이 재생되는 상황이 이어진 뒤 최면trance에 빠진 것과 비슷했고, 그래서 그것이 거기 있다는 것을 더는 알 수 없게 되었다. 때로는 폭풍의 눈 속에 있는 것 같은 느낌이 꽤 들기도 했다. 평온한 지역이 있었는데도 가까이에서 난기류가 임박한 느낌이 들었다.

때때로 나는 그에게 연락하기 위해 전화기에 손을 뻗었다가 이내 내가 그의 장례식에 참석했다는 것을 떠올렸다. 나는 마치 현실과 비현실 세계 사이에 살고 있는 것처럼 어떤 정신 장애mental impairment를 앓는 것 같았다. 때때로 나는 하나를 다른 하나에서 분리할 수 없었다. 그것은 서로 밀접하게 평행한 두 세계의 융합과 마찬가지였다.

이따금 특정한 향이나 그가 좋아하는 머그잔이나 커피스푼과 같은 일상적인 평범한 물건이 매우 예기치 않게 생각났고, 그것은 내가 있었던 일상의 틀에 박힌 생활에서 정신이 번쩍 들게 했다. 그다음 그가 죽었다는 것을 깨달았다. 그는 여기에 없고 결코 돌아올 수 없다. 그리고 나는 다시 한번 눈물을 흘리며 무너졌다.

깨어 있는 대부분 시간 동안 정신이 어지럽고 흐릿했다

frazzled and clouded. 벤Ben이 여기 내 앞에 놓인 빈 도로에 있었던 시간과 현재 사이를 앞뒤로 질주하며 모든 것이 틀 안에서 움직이는 것처럼 보였다. 어쩌면 나는 거대하고 모호한 공허nothingness의 공 속에 머무는 것을 정말 선호했다. 그래서 나에게 그토록 많은 고통pain을 안겨준 세부 사항을 기억하지 못했다. 나는 침대에 많이 머물렀고 자주 모든 것이 악몽이기를 바랐다.

어느 날 새들이 창 밖에서 행복하게 지저귀고 이슬을 머금은 꽃들이 찬란하게 피어나는 완벽하게 아름답고 희망찬 아침에 눈을 떴다. 그러나 그와 나눌 수 없었으므로 이것은 나를 산산조각 냈다. 끔찍하게 비참한 날에는 그의 부재로 모든 것이 더 나쁘게 느껴졌다. 모든 것이 더 나아 보이게 무엇을 말하거나 행동할지 그는 항상 알고 있었다.

처음 몇 주 동안 대부분 날에는 그의 옷이 들어있는 서랍장을 멍하니 쳐다보았다. 그것들을 붙잡고 방금 버려진 아이처럼 울었다. 그것은 다가오는 기차가 몇 번이고 나에게 충돌해오지만 나는 여전히 움직이지 않는 장면과 비슷했다.

'내 세계'라고 불렀던 내 방 낯익은 어두운 구석에서의 몇 달간 고립isolation은 많은 위안solace과 안식a sense of rest을 주었다. 그 속에서 시간이 멈춘 듯한 느낌을 받았다. 그 안에서 이 크고 넓은 우주에서 내게 주어진 작은 공간을 마침내 발견했다. 나는 내가 하는 일에는 전혀 관심이 없는 듯했다. 잠든 뒤에 다시는 일어나지 않기를 바라며 그저 완전히 멈추고 싶었다. 내가 누를 수 있는 종료 버튼이 있었으면 하고 바랐다.

첫 3개월은 대부분 내가 가장 잘 관리할 수 있는 동일한 활동을 하며 보냈다. 나는 내 심장 박동 소리를 들으며 침대에 많이 누워지냈다. 비록 느낄 수는 없지만 아직 살아 있다는 것을 상기시키기 위해 내 심장 박동 소리를 들을 필요가 있는 것 같았다.

내가 느끼는 죄책감은 최악이었다. 그가 죽었다는 말을 듣고 처음 몇 초 동안은 비록 죽음의 끔찍한 현실이 있는데도 그가 더는 고통을 겪지 않는 것에 안도했다. 그러나 얼마 지나지 않아 나는 그렇게 느꼈던 것에 대해 무거운 죄책감a sense of guilt을 느끼기 시작했다. 내 마음이 어떤지 누군가 알게 된다면 심한 비난을 받을까 두려웠다. 그가 죽었다는 사실에 어떻게 내가 안도할 수 있지?

장례 후 며칠, 심지어 몇 주 동안 타인들과 대화가 부담

burdensome되어 필요 이상 말을 거의 하지 않았다. 그들과 나 둘 다를 위해서였다. 할 수 있을 때마다 내 위안 속으로 후퇴하는 사치를 기대했고, 마음속으로 흔히 누군가가 나와 함께하기를 원하기도 했지만 결국 실제 현실에서는 누구와도 함께하기를 원하지 않았다.

아무도 이해하지 못할 것으로 확신했으므로 내가 진정으로 느끼는 것에 대해 누구에게도 말하고 싶은 욕구가 거의 없었다. 그리고 하고 싶어도 내 슬픔의 감정을 분명히 표현조차 할 수 없는데 어떻게 그것에 대해 말하지? 불가사의에 싸인 수수께끼와 같았다. 어디서부터 시작이라도 해야 하지?

애도 상담사grief counsellor가 찾아와 일기를 써보라고 권유한 뒤 글을 쓰려 했을 때 한 문장도 완성할 수 없었다. 매우 간절히 한 번에 조금만이라도 글을 써서 슬픔을 내보내고 싶었다. 그렇지만 글 쓰기를 시도했을 때 시작할 단어조차 찾을 수 없었다. 나는 기도조차 할 수 없었다.

죽음을 완전히 받아들이지 않아야 견딜 것 같았다. 대부분 그것이 그저 나를 화나게 해 무언가를 하게 했기에 직면해야 했다. 당신 존재에 대한 신념을 유지해 온 목적을 상실했을 때 당신은 사랑과 하나님의 선goodness의 대상이 되는 것을 상상하기 어렵다. 당신이 원하는 만큼 울 수는 있지만 그 사랑을 보지는 못할 것이다.

스티븐 킹Stephen King은 그의 책 『센트리 스톰Storm of the Century』에서 "(성경에 나오는) 욥Job의 인생이 망하고 가족이 죽고 농장이 황폐해졌을 때 그는 땅에 무릎을 꿇고 하늘을 향해 부르짖었다. '하나님 왜? 왜 저입니까?' 그리고 하나님의 천둥 같은 음성이 대답했다. '너에게는 나를 화나게 한 무엇인가 있다.'"라고 썼다.

당신은 자기 혐오감a sense of self-loathing, 자책감a sense of blame, 심지어 마치 벌을 받는 것being punished 같다고 느낄 수도 있다. 때때로 나는 너무 외로웠다alone. 어둠blackness과 모호함obscurity의 심연에 너무 깊이 빠져 매달릴 곳 없이 영원의 저편에 도달한 것 같았다.

나는 그야말로 삶에 대한 관심을 잃었다.

2장
누군가를 그리워하는 감정

"네가 백 살까지 산다면, 나는 백 살 하루 전까지 살고 싶어,
그러면 너 없이 살 필요가 없을 테니까."
- 곰돌이 푸 Winnie the Pooh

날마다 나는 공허하게 느껴지는 세상에서 눈을 떴다. 눈을 뜨면 창 밖에서 새들이 지저귀는 소리가 들렸다. 나는 저녁이면 집으로 돌아가는 태양을 보았다. 나는 하나님께 말씀드렸다. "저는 떠날 준비가 되었습니다. 저는 살아갈 동기가 없습니다." 그러나 하나님은 너무 차갑고 멀게만 느껴졌다. 왜냐하면 내가 의도적으로 무시당하는 것처럼 여전히 그 다음 날에 깨어났고 또 다른 날도 마찬가지였기 때문이었다.

넓고 자유로운 공간에서 수 마일 떨어진 곳에서 엄청난 공허함void, 말라가고parched 있음을 느꼈다. 그것은 마치 하늘과 땅이 지평선 너머에서 서로 만나 그들을 떼어놓을 수 없는 것과 같았다. 그것은 움직이는 모래 위를 걷는 것과 비슷해서 하루가 끝났을 때 당신이 어디에 있었는지 되돌아가는 방법을 결코 알지 못했다. 나는 그저 존재할 뿐이었다. 그것은 슬프고sad 무의미한meaningless 존재였고 나는 그 안에 있었다.

낮을 보내고 밤을 보내는 것이 매일 하루의 가장 큰 목표였다. 멋진 이야기가 예기치 않게 무례하게 중단된 느낌이 들었다. 마치 아직 써내려 갈 목차가 많은 내 책의 중간에 누군가 마침표를 찍어 놓은 것 같았다.

누군가를 그리워하는 감정은 언제쯤 끝날지 언제쯤 안도감이 생길지에 대한 기약이 없어서 힘들었다. 홀로 지내는 긴 밤은 특히 괴로웠다. 매일 밤마다 일종의 약물 금단 증세와 싸우는 것처럼 어떻게든 그것을 통과했다.

나는 그의 차가 진입로로 들어오는 소리, 열쇠가 문에 부딪히며 철그렁 하는 소리, 그가 매일 저녁 집에 돌아오며 휘파람을 불던 익숙한 선율이 그리웠다. 나는 두 아들과 내가 항상 저녁 식사 중에 그의 관심을 끌려고 툭탁거리며 하루의 일들을 이야기했던 것이 그리웠다. 우리 넷만이 재미있는 이유를 알 수 있었던 함께했던 장난, 농담, 유치한 짓들이 그리웠다.

그의 목소리와 웃음소리가 그리웠다. 그가 나를 생각하고 있다는 것을 알려주려고 낮에 걸었던 전화가 그리웠다. 그는 하루에 전화를 너무 자주 해서 나를 괴롭게 했다.

그는 재치있고 재미있고 영리했다. 하루가 끝날 때 아무리 사소한 것이라도 무엇이든 이야기할 수 있었던 특별했던 바로 그 사람이 그립다. 그는 또한 가식이 없고, 매우 친절하고 생각과 행동이 너그러운 사람이었다.

아무리 피곤하거나 바쁠 때도 항상 나에게 전적인 관심을 주던 모습이 그리웠다. 그가 항상 완전히 집중하여 귀 기울여 듣고 해결하던 방식과 항상 모든 것에 답을 가지고 있던 모습이 그리웠다.

무엇보다 그가 매일 저녁에 퇴근해 집에 와서 항상 기대에 차서 바라보던 첫 번째 사람이 나였다는 것이 그리웠다. 그것이 사라지기 전까지는 존재하는지도 결코 몰랐던 가치였다.

그가 아플 때 사용했던 방에 마음이 갈 정도로 너무 너무 그리워했던 밤들이 있었다. 자주 이 방의 문을 약간 열어 두었고, 매일 이 방을 지나갈 때 작은 문틈에서 그를 언뜻 다시 볼 수 있기를 여전히 바랐고, 그것이 상상 속의 허구에서만 가능하더라도 만족했다.

자살 유혹

그가 너무 보고 싶어서 조용히 그 방으로 들어가 잠 못 이루는 밤들도 있었다. 나는 머리를 무릎에 기대어 숙인 채 그늘진 구석에 앉아 그의 존재가 남아 있는 것이 무엇이든 느끼거나 그가 남긴 냄새를 맡을 수 있기를 바랐다. 그 열망은 강렬하고 또 강렬해서 자살을 통해 탈출하는 가능성이 내 앞에서 자주 유혹의 춤을 추었다.

행동 자체는 어렵지 않았고, 내가 겪는 모든 고통pain과 괴로움suffering에서 빨리 치유될 수 있을 것 같았다. 나는 아이들을 생각했을까? 그렇다. 할 수 있는 한 고통 없이 아이들을 위해 그 전환 단계를 준비하고 있는 것처럼 조용히 주변 정리를 시작하기까지 했다. 그러나 내가 이런 식으로 떠난다면 영원히 부끄러워하리라는 것을 알았다. 그러다가 더 무서운 생각이 들었다. 내가 자살했는데 벤과 다른 세상에서 깨어난다면 어떡하지?

그런데도 아마 나는 정말로 하나님의 존재를 무시할 수 없었던 것 같았다. 나는 여전히 하나님이 계시다고 믿었다. 그리고 그분이 나를 단지 버리려고 지금 이곳까지 인도하시지는 않았을 것이었다. "당신이 나를 죽이실지라도, 여전히 당신을 믿습니다."[1]라고 고집스럽게 속삭이는 자신의 말을 들었다.

그런데도 잠 못 이루는 밤은 길고 견디기 어려웠다. 나를 사로잡은 순간의 그 감정들을 정말 설명할 수 없었다. 밤마다 영혼의 고통과 고뇌를 끝내려는 충동과 싸웠다. 그러나 그렇게 하면 내 영혼이 대가를 치룰 수 있다는 생각에 실행하지는 못했다.

겨우 마흔 살에 목숨을 끊은 언니 앨리스가 생각났다. 그때 나는 겨우 열여덟 살이었다. 이제 서른아홉 살이 된 나

---

1) 욥기 13:15, 그가 나를 죽이시리니 내가 소망이 없노라. 그러나 그의 앞에서 내 행위를 변백하리라.(이 책에 나오는 주석은 모두 역자가 추가한 것이며, 성경 구절은 '개역개정판 성경'을 활용했음)

는 언니가 한때 걸었던 익숙하고 위태로운 이 길을 지나는 나를 발견했다.

그녀는 많은 것을 기대하며 이 세상에 왔지만 인생의 모든 불운과 마음의 고통은 그녀를 몹시 실망시키고 공허하게 했다. 언니가 음식에 대해 이야기할 때마다 눈이 반짝반짝 빛나고 언젠가는 요식업을 하고 싶어 했던 것을 기억했다.

수년간 언니가 사후에 어디로 갔는지 궁금해했다. 또 그 운명의 날에 삶을 포기하지 않았더라면 될 수 있었던 그녀의 모습을 궁금해했다. 언니는 매우 재능 있고, 열정적이고, 결단력 있고, 안팎으로 믿을 수 없을 정도로 아름다운 사람이었으므로 큰 성공을 거두리라는 것을 한 번도 의심한 적이 없었다.

그녀가 절망이 아닌 희망의 목소리에 귀를 기울였더라면, 그녀는 자신의 운명을 모두 이루었을 것이라는 점은 티끌만큼도 의심할 여지가 없었다. 왠지 그 점 때문에 나는 그녀에게 매우 화가 났다. 그리고 그로 인해 동일한 내면의 소리가 또 다시 이기지 않도록 하겠다는 마음이 더욱 굳어졌다.

일기 journal

누군가를 그리워하는 감정은 고통스러웠다. 물에 빠진 것 같은 느낌이 들어서 때때로 숨을 헐떡이는 자신을 발견했다. 어느 날 아침에는 억장이 무너져 상처받은 내 마음을 떠올리게 하는 듯 가슴 통증으로 일어나곤 했다. 시체처럼 감정 없는 멍한 마음으로 침대에 누워 있었다. 어쩌면 죽길 바라며 죽은 척하고 있었을지도 모른다. 그러나 죽은 사람은 고통을 느끼지 못하지만 나는 여진히 고통을 느꼈다

어느 날 나는 일어나 앉아서 글을 조금 쓰기 시작했다. 일기 쓰기가 말할 수 없었던 내 안의 무언가를 여는 데 도움이 된다는 것을 발견했다. 곧 사춘기 아들들이 블로그에 글을 써보라고 권유했다. 놀랍게도 블로그 반응이 힘이 되어 매우 기뻤다. 많은 사람이 내게 글을 써서 보내 자신의 상실과 고통을 나누었다. 많은 사람이 글을 써줘서 고맙다고 했고 내 고통의 어떤 부분이 그들과 함께 공명했다고 말했다. 아마 이야기를 들어준다는 확증과 유대감을 형성하는 것이 치유 과정에서 중요한 것 같았다.

동시에 완전한 낯선 이들에게는 글로 인생 이야기를 매

우 쉽게 하는데, 실제 생활에서는 아는 이들에게 이야기하는 것이 그리 쉽지 않다는 것이 당혹스러웠다. 정말 모두 듣기는 좋아하지 않고 말하기를 좋아하는 것이 아닐까? 선의의 조언이라고 생각한 소음, 잡담은 이미 안절부절못하는 마음에 어수선함을 더할 뿐이었다. 고통에 관해 이야기할 때는 실제로는 답을 찾지 않는다는 사실에 놀라웠다. 단지 누군가 내 얘기를 듣길 바랐다. 이 땅에서 사역을 하신 예수님을 생각했다. 그는 바쁜 사람이었지만 늘 들을 시간이 있었다.

세상이 너무 어지러운 속도로 움직이고 있어서 대부분 사람들이 압도당하고 정보가 너무 많다는 생각이 들었다. 누구나 자신만의 정보 선택 기준과 다른 사람을 위해 따로 떼어놓을 수 있는 시간이 당연히 필요했다. 그래서 일기 쓰기는 다른 사람의 시간을 빼앗지 않는 개인적 사치였다. 결국, 우리 각자는 한정된 시간만 있을 뿐이었다. 째깍째깍 흘러가는 매 순간을 소중히 지켜 영원한 무언가와 맞바꾸는 것이 옳은 것이다.

내가 글을 쓰기 위해 앉아 있을 때, 정말 중요한 가장 깊은 곳에서 끌어내는 데 시간을 할애하게 된다. 가장 말하기 어렵고 가장 깊은 곳에 있는 것들이 빛 속에 펼쳐질 때 비로소 어둠이 자리를 잃는다.

마음의 외침을 표현하는 과정에서 내 목소리를 찾기 시작하면서 내 생각의 명확성을 위해 닿을 수 있는 밧줄을 다시 한번 찾았다. 여전히 말로 할 수 없는 기도들이 내가 글을 쓰며 흘리는 눈물을 통해서 자주 이루어졌다.

그때 나는 깨달았다. 고통스러운 모든 것, 이전에 이해되지 않았던 삶의 모든 부서진 조각이 필요했을 것이다. 왜냐하면 오직 하나님만이 우리의 최악에서 최고를 이끌어 낼 수 있기 때문이었다. 아마도 내 세계의 슬픔, 비애, 절망, 외로움, 고립, 심지어 침묵까지도 모두 필요했을 것이다. 그것들이 없었다면 마음으로 글을 쓸 수 있다는 것을 발견하지 못했을 것이다. 그러지 않았다면 글을 쓸 이유가 없었을 것이다.

공휴일

휴가철은 특별히 좋아하는 시간이 아니었다. 슬픔의 가슴 아픈 어두운 그림자는 그 어느 때보다 공휴일 기간에 더 예리하게 느껴졌다. 축제의 환호와 관련된 모든 것이 상실감에 그저 더 큰 구멍을 만드는 것처럼 보였다. 그런 날은 대부분 잠자는 시간으로 허비했다.

어느 주말, 나는 지역 커뮤니티에서 주관하는 슬픔 대화에 초대받아 가기로 했다. 그 방에 있는 모든 사람은 사랑했던 누군가를 잃었다. 저마다 고통의 정도는 다를 수 있지만 상실을 겪는 침울한 분위기는 여전히 현실적이었다.

그 얼굴들을 하나씩 들여다보며 우리 같은 사람들만 이해하는 익숙한 깊은 고통을 볼 수 있었다. 모리 슈워츠Morrie Schwartz는 "아마도 죽음은 모두를 평등하게 하는 것equalizer, 낯선 이들이 마침내 서로를 위해 눈물을 흘리게 하는 하나의 큰 것인 듯하다."라고 말했다.

내가 그 정도의 고통을 느끼지 않았더라면 생각하는 것 이상으로 이해하지 못했을 것이다. 같은 사람이 같은 주제를 다시 제기했을 때 나는 어깨를 으쓱하거나 신경을 끊어 버렸을 것이다. 나는 그러한 사람들이 관심을 끄는 사람들일 뿐이라고 생각했을 것이고 격려하지 않았을 것이다.

커피 마시는 시간에 한두 부부와 짧게 이야기를 나눴다.

우리 가운데 누구도 잡담할 기분이 아니었다. 조용한 이해, 미소, 끄덕임 및 예의로 인해 모두 그곳을 매우 편안하게 느꼈다. 마치 저마다 자신만의 분리된 거품 속에 살고 있는 것 같았다. 우리는 언젠가 다시 땅에 발을 디딜 준비가 될 때까지 날마다 떠 있었다.

그의 소지품

그의 물건his belongings을 버리는 것이 치유 과정의 시작이 될 수 있을까? 그런 것들을 '연결시키는 물건들linking objects'이라고 부르는 것을 알게 되었다. 그것들을 간직하고 있는 한, 사람들은 항상 죽은 이들에 대한 기억과 연결됐다.

그의 모든 물건은 우리가 함께 물건을 골랐던 때, 그가 말했던 재미있는 말, 우리가 가게나 거리 어디인가에 있었을 때 그의 얼굴 표정을 재빨리 떠올리게 했다. 꼬리에 꼬리를 무는 기억이 내 마음을 가득 채웠다.

몇 년이 지난 뒤에도 내 옷장이 터져 나갈 것 같았지만 그의 옷들을 치우고 그 공간을 쓸 수 없었다. 몇 번이고 옷

넣을 공간을 찾으려고 그의 옷장을 열 때마다 나는 하나도 치울 수 없는 상실감을 느꼈다.

그의 칫솔도 항상 있던 욕실에 그대로 있었다. 아침에 욕실을 쓰며 그것을 볼 때마다 예전에 애도 상담사가 내게 물었던 것이 생각났다. "그에게 그 물건이 필요하다고 생각하나요?" 그때 대답할 수 없었다. 그렇지만 지금은 알고 있다. 그 물건은 그를 위한 것이 아니라 나를 위해 아직도 간직하고 있는 것이다.

우리 사랑의 성채: 우리 집

우리를 위해 그가 지은 집은 해질 즈음이나 소나기가 내린 뒤 하늘을 배경으로 실루엣을 드러내며 매우 낭만적으로 서 있는 곳이었다. 집 디자인은 렘브란트 그림에서 참고한 옛 세계 색들이 전형적으로 칠해져 있는데 영국에서 학생 시절에 생겼을 튜더 왕조 시대의 건축 양식에 대한 벤의 사랑을 반영하고 있었다.

르네상스 영광의 로맨스를 묘사하며 거실에 걸려 있는

대형 샹들리에, 우리가 주문한 맞춤 가구, 각각은 특정 예술 시대에 대한 우리의 개인적인 감상을 반영했다. 동시에 이것은 사랑에 빠진 두 사람의 완벽히 일치된 춤을 닮고 있었다.

꿈의 집 프로젝트를 위한 맞춤형 가구에서 맞춤형 공예품에 이르기까지 대부분 구매는 자카르타에서 일하는 동안 이루어졌다. 가격에 따라 품질과 솜씨가 다르기는 했지만 흥정 한 번에 대부분 보물을 손에 넣었다고 해도 과언이 아니었다. 내가 열심히 쇼핑하는 동안 그는 열심히 일했다.

그가 세상을 떠난 뒤 대부분 시간을 내 방에 숨어 있었다. 아마 모든 것이 그를 생각나게 했기 때문에 외부의 모든 것을 보는 것이 정말 두려웠을 것이다. 내 방 밖에서 세심한 선이든 물체의 곡선이든 나는 벤을 보았다. 그가 나와 함께 여러 곳을 다녔던 것을 기억했다. 좋은 가격을 협상하려고 할 때마다 그가 말하지 않도록 했던 것을 기억했다. 그는 흥정의 기술을 이해하지 못해 내가 보기에 자주 실패하고는 했다.

사랑하는 왕비를 위한 사랑의 대묘, 타지마할Taj Mahal을 지은 사랑에 병든 황제의 이야기가 생각났다. 건축업자의 못 박힌 손이 조심스레 건물의 석조물에 심은 돌 하나하나에는 사랑, 축복, 노래의 달콤한 입맞춤이 담겨 있었다. 정수리가 백발이 된 뒤에도 흔적을 남기는 사랑, 세월을 지나며 부드럽고 팽팽했던 처녀의 피부는 주름지고 오그라들었다.

우리 넷의 추억은 마음속에 생생한 이미지로 울려 퍼지고 춤추고 돌아다녔다. 때때로 복도를 걸어서 이제는 너무 넓어 공허함이 내 존재를 감싸는 듯한 공간을 지나칠 때면 그림자들이 나를 괴롭히는 것처럼 보였다.

못 본 척, 못 들은 척 날마다 서둘러 지나쳤다. 한때 웃음이 뿜어 나오던 집이 이제는 침묵하며 차갑게 변해 있었다. 집 안의 물건에서 드리워진 그림자조차도 모든 면에서 흠잡을 데 없는 고유한 특성과 아름다움을 가졌었다.

우리는 모두 그 집을 좋아했지만 벤의 상실은 사라지지 않는 계속되는 극심한 고통처럼 나타났다. 무시하기에는 너무 큰 죄책감을 동반한 상실이었다. 벤의 부재라는 고통은 우리가 진정으로 삶을 사는 것보다 계속 바쁘게 움직이며 하루를 보낼 때 더 견딜 만해 보였다.

죄책감

어느 날 저녁 아들들과 저녁을 먹다 갑자기 우울한 마음에 "내가 더 나은 선택을 했어야 했는데⋯."라고 이야기했다. 그러나 내가 계속 말을 하면 아들들이 불편하게 생각할 것을 알고 곧 말을 멈췄다. 그것은 내 입에서 나온 생각이었지만 어디서 나온 것인지 모를 그저 즉흥적인 이야기였다.

"무엇을 위한 더 나은 선택이요?" 아들 중 한 명이 물었다.

약간의 망설임 끝에 어쨌든 말하기로 결정했다.

"내가 죽는 것을 얘기하는 거야."

그런 익숙한 어색함과 침묵이 우리가 앉아 있는 공간을 가득 채웠다. 나는 자주 두 아들을 달래서 그들 자신의 상실감에 대해 말하도록 노력했지만 별로 성공하지 못했다. 아들들은 슬퍼하는 어머니처럼 끊임없이 감정적이기보다는 사고 과정에서 더 논리적으로 치중되어 있는 것 같았다. 좋은 저녁 식사 자리가 너무 많았지만 우리 사이는 나빠졌다. 식탁에서 이루어진 대부분 대화에서 슬픔이라는 주제를 피하려고 자제하지 않았다면 우리 사이는 더 나빠질 수도 있었다.

그러나 이번에는 어린 둘째 아들이 대답했다. "아뇨. 엄마가 죽었으면 아빠는 살아가시지 못했을 거예요."

그 이야기가 나에게 엄청난 위안과 내면의 평화를 주었다. 어린아이의 말 한마디에서 사물에 대한 성숙함과 깊은 이해를 보았다. 그의 단순한 대답은 내 고통을 인정했을 뿐만 아니라 동시에 내 힘을 확인시켜 주었다. 아이들의 아버지가 죽은 이후로 죽고 싶은 내 병적인 끌림이 즉시 사라지지는 않았지만, 그날 죄책감이 우리 집을 떠나는 것을 보았다.

3장
내 중요한 다른 모습 만나기

> 우리는 모두 조금 이상하다. 그리고 삶도 조금 이상하다.
> 그리고 이상함이 맞는 이를 찾으면 서로 함께 만족하는 이상함에
> 빠지고 그것을 사랑 - 진정한 사랑이라 부른다.
> – 로버트 풀검Robert Fulghum, 진정한 사랑True Love

매 장면이 내 마음속에서 떠오른다. 벤과 내가 서로 친구를 통해 처음 만났을 때를 기억한다. 벤은 그때 영국에서 박사 과정을 막 마쳤다. 나는 열여덟 살 그는 스물아홉 살이었다.

그는 나보다 열한 살이 많지만, 나이 차이에 대해 둘 다 신경을 쓴 적이 없었다. 그는 과거에 데이트했던 다른 남자들과 달랐다. 그와 함께 있으면 내가 철이 들고 안전하다고 느꼈다. 그에게는 매우 마음을 끄는 타고난 조용한

매력이 있었다.

약 6개월 뒤 나는 말라카에 있는 고향을 떠나 쿠알라룸푸르에 있는 국적 항공사에서 스튜어디스로 일했다. 얼마 지나지 않아 그도 우리의 조용한 작은 마을을 떠나 싱가포르에서 일자리를 구했다.

집에서 떨어져 생활하고 집세를 내며 젊은 성인이 되어 자립하는 법을 배우는 것은 겁이 나면서도 동시에 자유를 느낄 수 있었다. 내 직업이 가진 문화는 다양한 종류의 유혹과 도전의 세계를 열어주었다. 직장에서 끔찍한 하루를 보내고 나서 내가 전화를 걸었던 사람은 그였다. 그는 세심했고 항상 나를 기분 좋게 해주는 방법이 있었다.

벤은 석유 및 가스 컨설팅 회사에서 일하는 젊은 엔지니어였다. 그는 나를 만나기 위해 주말마다 쿠알라룸푸르로 차를 몰고 왔다. 시간이 지남에 따라 나는 내가 존경하는 그의 자질을 점점 더 많이 보게 되었다. 시간이 지나며 서로에게 더 애착을 갖기 시작했다.

주말이면 비행기 시간을 자주 바꿔서 그와 함께 시간을 보낼 수 있었다. 때때로 나는 주중에 쉬는 날이 더 있으면 그를 만나러 비행기를 타고 방문하곤 했다. 반면에 그는 비행에 대한 왠지 모를 두려움을 가지고 있는 것처럼 항상 운전을 택했다.

장거리 연애를 하다보니 함께 있지 않을 때 얼마나 그 사람을 그리워했는지 깨닫게 되었다. 우리가 다시 만날 날이 며칠 남지 않았기 때문에 나는 우리가 보고 싶을 때마다 편지 대신 짧은 메모를 쓰자고 제안했다. 그는 그 제안에 관심을 보이지 않고 그저 자신은 작가 유형이 아니라고 말했다. 나는 그의 말에 귀를 기울이지 않고 그냥 작은 수첩 두 개를 샀다. 각 수첩은 약 20여 장 정도되었는데 각각 하나씩 가졌다.

얼마 뒤, 그는 모든 페이지가 자신의 낙서로 채워진 수첩을 나에게 돌려주었다. 그는 정전이 된 어느 날 밤 촛불 아래에서 글을 썼던 날을 포함하여 내가 그에게 수첩을 준 이후로 매일 밤 한 장씩 손으로 썼다고 말했다.

"그럼 나에게 줄 수첩은 어디 있어요?" 그는 장난스럽게 물었다.

"글쎄요. 저는 작가 스타일이 아닌 것 같아요." 나는 수줍게 웃었다.

어느 주말 일요일 아침 일찍 비행기를 타야 했으므로 우리가 함께 보내는 시간을 줄여야 했다. 함께 있을 때마다 시간이 너무 빨리 흘러가는 것 같았다.

며칠 동안 집을 비웠다가 숙소로 돌아왔는데 그를 몹시 그리워하며 공허한 감정이 느껴졌다. 그런데 그때 그가 야간근무 시간에 내 침실 탁자 위에 남겨둔 편지를 발견했다. 나는 편지 속 그의 마음에 완전히 어안이 벙벙했다. 그는 이렇게 썼다.

날짜: 1988년 5월 15일
일요일
(오전 6시 15분)

사랑하는 펠에게

당신이 떠난 뒤 전혀 잠을 잘 수 없었어요. 그래서 커피 한 잔을 만들려고 거실로 갔어요(물론 당신이 만든 것만큼 맛이 좋지는 않아요). 생각해보면 당신이 엉망으로 커피를 만들어도 내 입에는 여전히 맛있을 것 같아요. 나처럼 합리적이라고 생각되는 사람이 다른 사람에게 그렇게 감정적으로 애착을 가질 수 있다고는 상상도 못했어요. 어쨌든 당신을 찾게 해준 행운의 별들(또는 우리 친구 D)에게 감사해요. 아니면 전생에 내가 착한 사람이었을 수도 있지요. 또는 어쩌면 당신이 전생에 나에게 빚을 져서 지금 그것을 다 갚고 있는 것일 수도 있지요. (하하!)

사랑하는 펠, 때 맞춰 먹고 끼니 거르지 말아요. 나이 지긋한 노인이 될 때까지 당신과 함께 살고 싶어요. 당신 없이 인생을 살아가야 한다면 어떻게 해야 할지 정말 모르겠어요. 우리 손자 30명, 증손자 90명, 증손자 270명과 가장 예쁘고 귀여운 증조할머니를 방학 때마다 K.F.C.에 데리고 가고 싶어요. 손자 30명 정도가 우리가 감당할 수 있는 최대치 정도라고 생각해요. 그렇지요?

다음 주 토요일에는 부디 얼굴을 볼 수 있길 기대해요. 꼭 규칙적으로 식사하세요. 먹기 어려워도 적어도 날 위해 식사를 해요, 알겠죠? 당신을 대신할 사람을 결코 찾을 수 없어요. 어쨌든 사랑에 빠질 다른 사람을 찾고 싶지 않아요. 우린 처음부터 이상한 커플이었고 이런 것이 좋아요. 친구들이 요즘 나를 비이성적이라고 하지만 상관없어요.

당신을 만나기 전에 친구들은 항상 어떤 여자가 되었더라도 사랑에 빠지기엔 내가 너무 이성적이라고 말했거든요. 생각해보면 그때 당신을 만나지 못한 것, 즉 내가 연구를 끝마치지 못했던 것이 다행이었어요. 한편, 내가 연구를 하던 중에 만났다고 하더라도 당신은 내가 관심을 가지기에는 아직 너무 어린 나이였겠죠?

나는 내 친구가 당신에 관해 이야기했던 '벤의 보석'이란 표현이 마음에 들어요. 당연히 당신은 벤의 보석이에요. 도대체 다른 누가 내 보석이 될 만큼 적절하고 적합할 수 있을까요? 당신은 쿠알라룸프르로 주말마다 차를 몰고 찾아갈 만큼 가치가 있어요.

우리 둘이 영원히 함께할 수 있는 날을 정말 기대하고 있어요. 어머님께는 걱정하지 말라고 전해주세요. 당신이 나와 결혼하는 것에 동의하면 어머님의 딸과 결혼하겠다고 약속하니까요. (하하!)

당신을 사랑해요.

영원히,
무한히,
끊임없이,
계속해서,
비이성적으로,
철저히,
강렬하게,
당연히,
전적으로,
진실로,
온 마음으로,
피코 초 pico second 마다,
나노 초 nano second 마다,
마이크로 초 micro second 마다,

초 second마다,

킬로 초 kilos second(16.7분)마다,

메가 초 mega second(11.6일)마다,

기가 초 giga second(31.79년)마다,

테라 초 tera second(31,709년)마다,

내 현재의 남은 생애와 미래에 다가올 무한한 생애 동안…

내 모든 사랑과 키스를 보내요.

벤 (오전 7시 15분)

XXXXX……∞

4장
당신의 마음은 알 것이다

사랑은 함께 살 수 있는 사람을 찾는 것이 아니다.
그 사람 없이는 살 수 없는 사람을 찾는 것이다.
- 라파엘 오티즈Rafael Ortiz

벤과 내가 장거리 연애를 하지 않았다면 그와 떨어져 있을 때 그를 얼마나 그리워하는지 결코 알지 못했을 것이다. 그가 남은 인생을 함께 보내고 싶은 사람이라는 것은 더더욱 확신하지 못했을 것이다. 또는 오히려 그 없이 내가 살 수 없다는 것을 확신하지 못했을 것이다.

 매주 며칠씩 계속 만나면서 헤어질 때마다 거리를 좁혀야 하겠다는 결심이 어느 때보다 강해졌다. 누군가 너무 그리워 밤낮으로 내가 사로잡혀 있다는 느낌을 참을 수 없었다.

항공사를 그만두려는 생각에 대해 여러 동료들과 이야기를 나눴다. 내가 이야기를 나눈 모든 이가 충동적으로 행동하지 말라고 충고했다. 그들은 회사에서 선발되어 훈련을 받았던 과정과 마침내 실제 비행을 하게 되기까지 의심할 여지없이 힘든 과정이었다는 것을 상기시켜 주었다. 그들은 하늘을 날고, 여러 곳을 가고, 사람들을 만나고, 충분한 보수를 받는 것이 모든 어린 소녀가 꿈꾸는 직업이라고 생각했다. 그들은 내가 어떻게 그 모든 것을 순식간에 포기할 수 있는지 이해할 수 없었다.

그들이 내게 말한 모든 것이 완벽하게 이해되었다. 그러나 내 마음은 단 한 가지만 말하고 있었다. 즉 벤과 단 하루도 떨어져 있을 수 없었다. 계속 있으라고 친구들이 설득했지만 내 마음은 확고했다.

나는 어느 날 저녁 엄마에게 전화를 걸어 내가 항공사를 그만뒀다고 말했다. 엄마는 그것에 동요하지 않는 것 같았다. 나중에 엄마를 만나러 집에 갔을 때 엄마가 "이제 나는 번개가 치거나 비가 오더라도 잠을 잘 자겠네."라고 말했던 것이 기억난다.

엄마에게 이유를 물었다. 전에는 엄마가 번개나 비로 인해 불면증이나 두려움 문제가 있다는 것을 몰랐다. 엄마가 "네가 항공사에서 일하기 시작했을 때쯤 나는 강한 뇌우가 있을 때마다 불안했단다. 항상 악천후로 인해 비행기에 무슨 일이 일어날 수 있고 네가 그 안에 있을지도 모른다는 것을 걱정했거든."

엄마가 나에게 해준 말 가운데 가장 좋은 말이어서 나는 깜짝 놀랐다. 엄마가 내가 비행하는 동안 걱정하고 있는지 전혀 몰랐다!

엄마와의 관계는 내가 성상하는 동안 늘 좋지 않았다. 아버지가 돌아가신 해에 내가 기독교인이 되었다고 엄마에게 말하고 나서 우리 감정은 거리감에서 적대감으로 변했다. 아버지가 췌장암으로 돌아가셨을 때 나는 열두 살이었다.

나에게 복음을 전한 사람은 이웃이었다. 어느 날 나는 신이 나서 집에 가서 더는 가족 제단에서 향을 태우지 않기로 결정했다고 엄마에게 알렸다. 나는 "예수-하나님께서는 내가 더는 다른 신들에게 기도하는 것을 원하지 않는다."라고 말했다.

그러자 엄마는 나를 가족 제단 앞으로 끌어당기며 무릎을 꿇으라고 소리쳤지만 나는 거절했다. 그때 공중에서 지

팡이를 거칠게 휘두르는 익숙한 소리가 들렸다. 도망치거나 때리는 것을 피하려 하지 않은 것은 그때가 처음이었다. 소리조차 내지 않았다.

내가 많은 고통을 당할 수 있다는 것을 알고 있었지만 나를 두렵지 않게 만드는 이상한 평화가 나를 온통 감쌌다. 내 마음에 사랑만을 느꼈다. 엄마는 나를 집 밖으로 내쫓았지만 나중에 마음이 바뀌었다. 엄마는 이웃집에 나를 찾으러 가서 다시 집으로 데려갔다.

몇 년 후 나는 영화 「나사렛 예수Jesus of Nazareth」를 보았다. 내 죄로 인해 예수님이 매질을 당하시고 큰 고통을 당하시는 장면은 집에서 예수님을 옹호했던 날을 떠올리게 했다. 예수님의 고난이 내가 예수님에게 마음으로 느꼈던 것과 같은 사랑이라는 사실에 놀랐다. 그것은 사랑 때문에 예수님이 오셨기 때문이다.

수년 동안 엄마의 승인과 애정을 얻으려 매우 열심히 노력했지만, 그때마다 내 시도가 중요하지 않은 것으로 무시되거나 다른 방식으로 약화되었던 것을 기억한다. 그렇지만 내가 집을 떠나 도시로 이사했을 때 우리 사이의 상황은 극적으로 개선되기 시작했다. 우리 관계는 느리지만 점

진적 치유 과정을 거쳐 엄마가 기독교인이 될 때까지 수년에 걸쳐 더욱 강해졌다.

엄마는 항공사를 떠난 뒤 새로운 계획이 있는지 물었다. 나는 벤과 함께 이사하고 학교로 돌아가고 싶다고 말했다. 나는 항상 법학을 공부하고 싶었다. 사실 학교를 졸업하는 마지막 주에 여자 교사분이 진로 지도 양식에 진로 희망을 적으라고 했을 때 적어둔 내용이기도 했다.

엄마는 내가 스스로 자금을 조달할 수 있는 한 하고 싶은 것이 무엇이든 상관하지 않는 것 같았다. 그렇지만 엄마는 내가 원치 않는 임신을 할 위험이 있다는 이유로 벤과 함께 살겠다는 생각에는 명백히 반대했다. 벤과 내가 결혼하거나 아니면 서로 다른 곳에서 살며 데이트를 하고 지내는 것에 만족해야 했다.

나는 엄마의 생각이 이치에 맞다는 것을 알고 있었다. 벤에 대한 감정을 확신했지만 결혼과 같은 최종적인 것에 대한 준비는 정확히 되어 있지 않았다. 그렇지만 그날 밤 엄마가 하는 모든 말을 들으면서 우리 관계가 회복되고 있다는 느낌을 받았고 그것을 망치고 싶지 않았다. 어렸을 때부터 항상 엄마의 승인과 사랑을 갈망했다. 항상 엄마가 나를 자랑스럽게 여기고 내가 알 수 있는 방식으로 사랑해 주기를 바랐다.

나는 벤에게 엄마와 나눈 대화에 관해 이야기했다. 그는 그저 웃으면서 내가 임신을 하게 되더라도 그것이 결코 원치 않는 일은 아닐 것이라고 확신시켜 주었다. 그런 일이 생긴다면 벤의 부모님이 너무나 기뻐할 것이라고 그는 말했다.

엄마의 걱정을 알고 있었기 때문에 그의 대답이 더는 도움이 되지 않았다. 우리는 서로가 '하나'라는 확신이 있었으므로 엄마가 제안한 대로 결혼할 수 있느냐고 물었다. 그는 조금의 망설임도 없이 활짝 웃으며 대답했다. "당연하지."

스무 살과 서른한 살이라니. 그렇게 낭만적으로 보이지 않을 수 있지만 우리가 모두 항상 깊이 생각하는 것은 아니다. 그렇지 않았다면 사랑에 빠진 바보들이 충동적으로 청혼을 받아들이는 일은 소설 책에나 나오는 보기 드문 일이 되었을 것이다.

마치 절벽에서 뛰어내린 듯한 짜릿함을 느끼며 땅에 도착할 때 무사히 착지하기를 바랄 뿐이었다.

5장
결혼

결혼의 유대감은 다른 유대감과 마찬가지로 천천히 무르익는다.
- 피터 드 브리스 Peter De Vries

부모님의 축복을 받는 것은 쉬운 부분이었다. 그러나 행복한 결혼 생활을 유지하는 것은 어려운 부분이었다. 하나가 되어 사는 것의 경이로움과 흥분은 일상의 재미없는 계획과 집안 일로 인해 매우 빠르게 그 매력을 잃기 시작했다. 매일매일 지루하고 반복적이며 단조로운 일상에 갇힌 느낌이 들었다. 그가 원했기 때문에 내가 전업 주부가 된 것이 더 나빴다.

매일 저녁 그는 자신의 안락 의자 속으로 미끄러져 들어가 여러 개의 TV프로그램을 돌려 봤다. 그는 자동차 경주에 열광하거나 영국 시트콤인 「블랙 애더Blackadder」를 보면서 얼굴이 아파 보일 때까지 웃었다. 나는 지루하고 외롭고 소외감을 느꼈다.

퇴근 뒤 대부분 시간을 집에서 보내는데도 전처럼 할 이야기가 많지 않았다. 그는 금요일은 친구들과 맥주를 곁들인 밤 모임에 나갔고, 매우 자주 심지어 토요일 저녁에도 마찬가지로 모임에 나갔다.

나와 사귀기 전부터 늘 해왔던 생활 패턴이었다. 그는 나를 모임에 데려가는 것을 꺼리지 않았지만 나는 술자리의 소음, 연기, 사람들이 모인 것을 별로 좋아하지 않았다. 집에 있기로 스스로 결정하고 나서 내가 왜 행복해하지 않는지 그는 이해하지 못했다.

그가 기독교인이 아니었으므로 우리는 교회에 가지 않았다. 내가 처음부터 그런 입장을 취한 적이 없었기에 그에게 아무런 차이가 없었다. 결혼 생활은 적어도 하루아침에 서로에 대해 마음에 들지 않는 점을 마술처럼 없애 주지 않았다. 그는 금요일 밤에 나와 집에 있는 것보다 맥주 한두 잔을 마시며 친구들을 만나는 것을 선택하는 고집스럽고 성급한 사람이었다. 그리고 나는 항상 관심을 갈망하는 감정적 콤플렉스가 너무 많은 늘 애정을 원하는 불안정한 소녀였다.

나는 그가 체계적이고 습관적인 사람이라는 것을 곧 알게 되었다. 일단 특정 루틴이 형성되면 벗어나고 싶어 하지 않았다. 약간의 변화만 생기더라도 그는 성급히 화를 냈다. 또 놀라움을 좋아하는 사람도 아니었다. 그는 무엇을 시작하기도 전에 끝을 알고 싶어 했다. 경직성과 예측 가능성이 나를 숨막히게 했다.

반면에 나는 매우 충동적인 사람이었다. 나에게 변화는 재미있었다. 실제로 무엇을 기대해야 할지 모르는 놀라움의 요소가 있었으므로 새로운 일을 한다는 것은 신나는 일이었다. 나는 즉흥성과 새로운 장소로 가는 것을 좋아했다. 나는 우리가 함께 새로운 활동을 시도하고, 새로운 사람들을 만나고, 우리 주변 세계에 대해 새로운 것을 배우기를 원했다. 나는 인생이 이제 막 시작되는 나이였지만, 내 인생이 거의 끝난 것 같은 느낌이 들었다. 나는 곧 그가 나와 완전히 다른 사람인 것을 깨달았다. 그가 냉정하게 익숙한 모든 것을 유지하며 예측 가능한 것에서 편안함을 찾는 동안 나는 쉽게 지루했다.

그는 매일 밤 텔레비전 앞에 있는 익숙한 일상에 완벽하게 만족하는 사람이었다. 그는 식당의 위생과 음식을 준비하는 사람들을 항상 불안하게 보았으므로 외식을 즐기지 않았다.

어떤 가판점이나 식당이 위생 기준에 맞으면 매일 그곳으로 가서 같은 음식을 먹을 수 있었다. 주말마다 아침을 먹으러 가는 식당이 하나 있었다. 그의 주문이 늘 뻔해서 직원조차 물어보지 않았다. 그들은 그저 그가 늘 먹는 음식을 가져왔다.

한 번은 그가 사무실 근처에서 나시 르막nasi lemak을 파는 한 여성에 관한 이야기를 나에게 들려주었다. 나시 르막은 코코넛 밀크와 판단 잎사귀로 요리한 말레이시아 방식의 향긋한 쌀 요리이다. 그는 시간이 지나면서 차에서 내릴 필요조차 없었다고 말했다. 그녀는 그것을 포장하여 매일 아침 그를 발견하면 그에게 건네 주었다. 그는 3개월 동안 매일 아침 식사로 그 요리를 먹었다. 그는 그 여성이 다른 자리로 옮기고 나서 다른 대안을 찾기 시작했다.

그는 또한 양파, 마늘 및 파, 부추, 골파 같은 그와 유사한 채소에 대해 설명할 수 없는 두려움이 있는 것 같았다. 음식에 넣어서 먹을 수는 있지만 잘게 다져서 날것이 보이지 않아야 했다.

쇼핑 여행 때 한 번은 식료품 섹션에 갔다. 나는 작고 빨간 망사 주머니에 깔끔하게 포장된 신선해 보이는 작은 양파 몇 개를 선택하여 카트에 넣었다. 그는 즉시 그것이 마치 생물학적 위험 물질인 것처럼 반응했고 그것에 대해 엄청난 일이 난 것처럼 굴었다. 마치 내가 우리 생명을 위태롭게 하려는 것 같았다. 결국 그의 동요를 멈추기 위해 그것들을 보이지 않게 해야 했다.

그의 행동은 나에게 당혹스러웠다. 몇 년 뒤 인터넷 검색을 통해 그가 '마늘 공포증alliumphobia'이라는 유효한 의학적 혐오감을 가지고 있다는 것을 깨달았다. 이 증상을 보유한 많은 사람은 마늘이나 자극적인 냄새가 나는 유사한 식물에 노출되었을 때 극심한 불안과 스트레스를 나타냈다. 영향을 받지 않는 사람들에게는 터무니없게 보일 수 있지만, 고통받는 사람들에게는 지극한 현실이었다.

음식 선택은 제외하더라도 그는 누구나 생각하는 가장 재미없는 여행 동반자가 되었다. 그는 비행, 공항 및 기타

낯선 장소에 있는 것에 대해 항상 초조함을 느꼈다. 한 번은 그에게 비행을 왜 그렇게 두려워하는지 물은 적이 있다. 그는 빠른 자동차와 슈퍼 바이크를 좋아했으므로 나에게는 이상했다. 친구들과 스릴을 만끽하며 앞바퀴를 들고 타는 무모한 오토바이 스턴트를 하는 그의 사진을 보았기에 더욱 이상하다고 느꼈다. 통제력이 없는 경우에 그는 초조하게 느낀다고 말했다.

그가 항상 동요하고 스트레스를 받는 것처럼 보여서 시간이 지나면서 나는 점점 더 충족감을 느끼지 못하게 되었다. 내가 하는 거의 모든 일이 그를 화나게 하는 것 같았다. 그가 내 자유로운 정신을 짜증나게 여긴다는 생각이 들었고 결국 나는 점점 더 기분이 상하고 방어적이 되었다.

그때는 그가 나처럼 그저 독특한 사람이라고 깨닫는 성숙함이 없었다. 그는 자신만의 진실한 모습과 특성, 성향을 가졌다. 좋아하는 것과 싫어하는 것 그리고 비이성적인 두려움을 가지고 있었다. 그의 괴로움에 대해 더 많은 이해, 연민을 보이는 대신 나는 자주 기분이 나빠져서 늘 그가 왜 그러는지 궁금해했다.

점점 상황이 나빠져서 어느 날 엄마가 눈치를 채고 "왜 남편을 무서워하는 것 같니?"라고 물었다. 나는 방어적으로 대답했다. "아니에요. 내가 그를 두려워한다고 누가 말하던가요?" 엄마는 나를 똑바로 쳐다보며 말했다. "네가 예전만큼 무엇인가에 열정적이지 않거든."

또 한 번은 엄마가 "결혼하고 정말 행복하니? 일생은 짧은 기간이 아니야. 불행하면 항상 탈출구가 있단다."라고 말했다.

엄마가 이 주제에 관해 말씀하시는 것은 이례적인 일이었다. 동양인의 양육 방식 때문에 감정에 관해 이야기하는 것이 어색했다. 게다가 돌아가신 아버지와 함께 사는 내내 엄마는 누구보다 불행하고 충족감이 없었다. 그러나 결국 엄마는 아버지가 죽을 때까지 함께 살았다. 자신의 경험이 나에 대해 걱정하는 이유였을까?

어린 시절

엄마는 어렸을 때부터 몇 번이고 나를 실수로 임신했다고 이야기해주었다. 엄마는 무언가에 속상할 때마다 나를 임신 중절하거나 죽이거나 버렸으면 좋았을 것이라고 말했다. 엄마를 진찰했던 존경받고 매우 경험 많은 마을의 노의사가 자궁에서 나를 발견하지 못했다는 점에 대해 자주 실망감을 표했다. 또 생리 중단 기간을 실력 좋은 의사에게 분명히 알렸는데 어떻게 그런 실수가 있었는지 몇 년 동안 큰 소리로 이야기했다.

엄마는 병원에서 신생아에게 옷을 주는 것을 중단해서 불과 분만 몇 시간 뒤 추위에 벌거벗고 보랏빛이 된 나를 어떻게 발견했는지 이야기했다. 간호사들은 빌린 포대기 한 장 없이 나를 아기 침대로 돌려보냈을 뿐이었다. 추위에 죽을 수도 있었지만 그러지 않았다. 분명히 속을 들여다보지 않아도 엄마가 내 존재에 대해 느끼는 실망을 감지할 수 있었다.

엄마가 그 말을 할 때마다 어떤 말을 하겠다는 생각이 늘 들었지만 항상 머릿속이 텅 비어 버렸다. 이제서야 하나님께서 내 삶에 대한 목적을 가지고 계셨기 때문에 죽지 않았다는 것을 깨달았다.

내가 죽었다면 엄마는 기독교인이 되지 못했을 것이며 벤, 두 아들, 그리고 하나님께서 내게 이끌어 주신 다른 많은 사람도 그러지 않았을 것이다. 내가 도구로 쓰였든 단순히 말 한마디, 사랑, 기도로 그들 삶에 씨를 뿌렸든 중요하지 않았다. 모든 탄생은 창조주의 호흡에 의해 의도되고 보내지므로 매우 소중하다. 따라서 하나님 눈에는 결코 실수가 아니다.[2] 성경은 우리가 은밀한 곳에서 만들어질 때 우리 형상이 그분께 드러나며 우리의 날은 태어나기도 전에 이미 기록되었다고 말한다.

어느 곳에서부터 나는 생명으로 보내졌고 아무 자극 없이도 엄마의 적대감은 흘러나왔다. 두 언니들과 나는 어린 시절 내내 심지어 십대가 될 때까지 매우 비논리적인 이유로 자주 욕을 먹고 매를 맞는 분위기에서 자랐다.

아이와 성장하는 청소년일 때는 우리에게 행해진 말과 행동 뒤에 무엇이 있는지 이해하지 못한다. 자신이 받은 감정과 행동을 인식하며 들은 것을 믿게 된다. 엄마는 단순히 희망도 탈출구도 보이지 않는 불행한 결혼 생활에 갇힌 느낌에 대한 좌절감을 표현한 것이었다. 어쨌든 그 무렵에는

---

[2] 시편 139:15~16, 내가 은밀한 데서 지음을 받고 땅의 깊은 곳에서 기이하게 지음을 받은 때에 나의 형체가 주의 앞에 숨기우지 못하였나이다. 내 형질이 이루기 전에 주의 눈이 보셨으며 나를 위하여 정한 날이 하나도 되기 전에 주의 책에 다 기록이 되었나이다.

실제 문제가 우리 때문이 아니라는 것을 이해하지 못했다.

그러나 그것은 우리 영혼에 상처를 주었다. 상처받은 상태로 남아 타인들과 관계에 영향을 미쳤다. 오직 그분만이 우리를 치유하고 온전하게 회복시켜 주실 수 있으므로 하나님 임재 상태가 될 때까지 파괴적이 된다.

나는 자기 파괴적 경향이 있는 심각하게 낮은 자존감을 가지고 청소년과 청년기의 많은 시간을 보냈다. 왜냐하면 이런 말을 들을 때 당신의 영에 어떤 일이 일어나기 때문이다. 말은 강력하다. 말은 내면에 해를 입히거나 치유하는 에너지를 일으키며, 이는 알든 모르든 자신의 가치, 능력에 대한 평가와 정확성에 영향을 미친다.

내 안의 거부감, 열등감이 너무 커서 칭찬을 들을 때마다 민망하고 불편했다. 그렇지만 부정적인 말을 듣고 그것이 명백한 사실이 아닐지라도 나에게 매우 좋지 않은 영향을 미치고 파괴적이 되도록 내버려 두었다.

열세 살이 조금 넘었을 때 한 소년이 내 이마에 입을 맞추며 처음으로 "사랑해."라고 말했다. 감정이 복받쳐 "고마워."라고 대답하고 흐느끼기 시작했다. 그는 내가 왜 울었는지 물으며 매우 사과했고 정신이 나갔다.

나는 "모르겠어. 전에 아무도 그런 말을 내게 해 준 적이 없었어."라고 말했다.

결혼 생활

나는 항상 부모님 사랑을 갈망했지만 사랑이 무엇인지 알지 못했다. 자매들이 모두 훨씬 나이가 많았기 때문에 어렸을 때 상당히 외로웠던 기억이 난다. 스무 살에 나는 결혼 생활에 뛰어들기로 결심했고 그저 최선의 결과가 나오기를 희망했다.

벤과 의견 차이가 있을 때마다 집에서 자랄 때 했던 것과 같은 방식으로 입을 다물었다. 어렸을 때 집안에서 긴장감을 느낄 때마다 침묵하면 엄마에게 매를 덜 맞는다는 것을 금세 배웠다. 그렇지만 내가 그렇게 할 때마다 벤은 짜증을 냈다. 그는 내 침묵을 불만이 아닌 보복을 위해 무관심하게 행동하는 것으로 오해했던 것 같다.

한 번은 벤이 내게 너무 답답해서 발 받침대를 집어 들고 방 저편으로 던졌다. 그러나 던지기 직전에 그의 머리

위 유리 샹들리에에 부딪쳤다. 핑크색 눈물 방울 모양의 반짝이는 각면 프리즘으로 장식된 멋진 작품이 거실 전체로 산산조각 났다. 나는 큰 불신과 충격 속에 거기 서 있었다.

나는 즉시 위층으로 달려가 화장실 문을 잠갔다. 동시에 매우 두렵고 혼란스러워서 울었다. 그때 처음으로 나를 두렵게 할 수 있는 그의 공격성을 보았지만 나는 마치 어린 시절의 데자뷰를 다시 느끼는 것 같았다.

몇 시간 뒤 긴장이 조금 풀리는 걸 느끼며 화장실을 나왔다. 그는 나에게 다가와 그의 행동에 대해 많이 사과했다. 그 사건 이후로 우리는 더 자주 절충하며 지내는 법을 배웠다. 그는 솔직하게 소통하기를 원했으며, 내가 진정으로 무엇을 느끼는지 그에게는 말해도 된다는 것을 나는 배웠다.

그러나 금요일 밤 맥주 모임은 여전히 협상할 수 없었다. 한 번은 그에게 "금요일에는 절대 출산하지 않거나 죽지 않았으면 좋겠어."라고 말한 적도 있다.

그가 선택해야 한다면 그의 친구들이 분명히 나를 이길 것이라고 확신했다. 그런데도 그는 항상 믿지 못하는 얼굴로 "말도 안 되는 소리 하지 마."라고 답했다.

결혼한 지 1년이 조금 넘었을 때 첫 아이를 임신했다. 산부인과 의사가 출산 예정일을 알려주었는데 그날이 무슨 요일이었을까? 바로 금요일이었다.

드디어 예정일이 되었다. 저녁 무렵 나는 그가 전화로 친구들과 동네 술집에서 만날 계획을 세우는 것을 우연히 들었다. 나는 믿을 수 없어서 그를 쳐다보았다. 그는 진통이 시작되어도 집에서 불과 15분 거리 내에 있을 것이라며 장담했다.

그때는 1991년 12월이었고 모두가 개인 휴대폰을 가지고 있기 전이었다. 그래서 그는 할 수 있는 가장 책임 있는 모습을 보였다. 나에게 술집 연락처를 남긴 것이었다. 나는 치어스cheers 광고의 전체 출연진이 주제가를 완성하는 장면이 내 마음속에서 살아 움직이는 것을 봐야 했다.

그날 밤 그의 부모님 집에 혼자 앉아 있으면서 진통이 오면 몸이 어떨지, 언제 진통이 올지 알 수 있을까 하는 불안한 마음으로 계속 시계를 봤다. 잠깐 독서를 하고 나서 곧 잠자리에 들었다.

자정이 막 지나자 벤이 들어오는 소리가 들렸다. 씻고 나서 그는 침대에 와서 잠이 들었다. 잠에서 깬 이후로 화장실에 가고 싶은 충동을 느꼈다. 나는 5분마다, 다시 누우려고 할 때마다 그 느낌이 반복되는 것 같았다. 나는 점점 온통 불편함을 느끼고 있었다.

그런 다음 통증이 왔다. 내가 분만을 하게 되는 것이 틀림없어! 나는 그가 깊고 편안한 잠에 빠지기 시작했을 무렵 그를 깨웠다. 그 달콤한 복수에 내가 약간 기뻐했을 수도 있겠다 싶겠지만 그럴 경황이 없었다.

그는 눈 깜짝할 사이에 침대에서 벌떡 일어섰는데 분명히 조금 전까지 친구들과 함께 술을 마신 탓에 정신이 몽롱해 보였다. 그리고 약속대로 나를 차에 태워 산부인과로 향하는 조용한 거리를 마치 척후병처럼 단 시간 내에 매우 빠르게 질주했다.

몇 시간 뒤 첫 아이 에드워드가 이 세상에 태어났다. 너무 작고 분홍 빛으로 완벽하게 아름다웠다. 몇 시간 전, 벤이 내가 아닌 친구를 선택한 것에 화를 내야 한다는 사실조차 완전히 잊어버렸다.

첫 아이의 탄생은 특히 벤 부모께 큰 흥분을 안겨주었는데 첫 손자였기 때문이었다. 나도 모성이라는 본능의 빛이 뿜어져 나오는 것을 느꼈다. 나는 마침내 어른이 된 기분이었다.

6장
부모가 되면서 우리는 성숙한다

더 잘 알게 된다면, 더 잘 행동하세요.
- 마야 안젤로우Maya Angelou

완전히 새로운 느낌이었지만 나는 엄마가 된 것이 좋았다. 나는 인간의 몸 안에 또 다른 생명을 창조하는 능력이라는 너무나 강력하고 기적적인 무엇인가에 대해 설명할 수 없는 의미, 경외감, 감사함을 느꼈다.

나는 첫 달에는 깨어 있는 대부분 순간에 한때 내 자궁에 머물렀던 이 아름다운 작은 아기를 경외심으로 바라보며 보냈다. 작은 손가락이 내 손가락을 움켜쥐는 것을 보거나 미소, 옹알이, 꾸르륵거리는 소리를 들을 때 내가 얼마나 필요한 존재인지 알게 되었다. 내 모성 호르몬은 아이를 품에 안을 때마다 미친 듯이 과도하게 움직였다.

내가 결코 가져보지 못한 어린 시절을 고칠 수 있는 두 번째 기회를 보는 것 같았다. 나는 항상 꿈꾸던 그런 엄마가 되기를 열망했고 감사하게도 결국 그렇게 되었다. 그리고 하나님은 내게 새로운 엄마를 돌려주었다.[3]

엄마가 자신의 삶을 그리스도께 바친 뒤 변화는 밤낮이 뒤바뀐 것 같았다. 내가 성장하는 동안 엄마는 그리스도를 알지 못했다. 그래서 사랑받고 싶은 그녀의 욕구를 충족하고 그녀를 완성할 수 있는 종류의 사랑을 만나본 적이 없었다. 우리 양육 방식에 영향을 미쳤던 아버지와는 문제가 많고 불행했던 관계로 살았다. 누군가 상처를 받으면 그가 다른 사람들에게 상처를 준다는 말은 사실이다.

엄마가 된 나는 낳아준 어머니에 대해 더 깊은 감사를 느끼기 시작했다. 한 번은 그녀가 그렇게 충족감이 없었는데도 아버지를 떠나지 않은 이유를 물었다. 그녀는 내가 결코 잊지 못할 이야기를 했다. "내가 떠날 마음이 생길 때마

---

[3] 고린도후서 5:17, 그런즉 누구든지 그리스도 안에 있으면 새로운 피조물이라 이전 것은 지나갔으니 보라 새것이 되었도다.

다 날 필요로 하는 작은 아이가 있었단다."

하나님의 자비로 우리가 상처가 아닌 치유받은 새 삶으로 변화되지 않았다면 우리는 파괴적으로 자녀에게 더 많은 상처를 주는 악순환에 계속 얽매였을 것이다. 그녀가 결코 가져보지도, 알지도 못했던 것을 자녀들에게 줄 수는 없었으므로 그녀를 비난할 수 없었다. 때때로 사랑은 조금 늦게 집으로 돌아오는 길을 찾는다. 적어도 우리 중 일부에게 그랬다.

부모 되기

우리는 아이가 없었다면 절대 가보지 않았을 장소를 가고 절대 하지 않았을 대화를 했다. 5년 뒤 둘째 아들 에드윈Edwin이 태어났을 때 결혼 생활은 그 어느 때보다 안정적이었다.

벤은 직장에서 매일 내게 전화했고 집에서 5분 거리에 있을 때도 그랬다. 업무 차 해외로 갈 때면 택시를 탄 직후 내게 전화를 걸곤 했다. 그는 비행기 탑승 직전과 도착 직후에 전화를 걸었다. 그는 호텔에 도착해서 그리고 잠자리에 들기 직전에도 전화를 걸었다. 하루에 너무 자주 전화해서 미칠 지경이었다.

우리 결혼 생활은 수년에 걸쳐 점점 더 좋아졌다. 교황 요한 23세는 "사람은 포도주와 같다. 어떤 것은 식초로 변하지만 가장 좋은 것은 나이가 들수록 숙성된다."라고 말했다. 벤은 확실히 매우 성숙해져 있었다. 그는 나에게 가장 좋은 사람이었다. 나를 왕후처럼 대해주었고 나는 그에게 똑같이 왕실 서비스를 되돌려주며 자연스럽게 내 역할에 충실했다.

그의 일상적 선택과 행동으로 인해 내가 그에게 중요하다는 것을 확신했다. 벤은 '사랑해'라는 짧은 세 마디를 말할 때 아무렇지 않게 또는 자주 움츠러들지 않고 편하게 표현하는 그런 사람이 아니었다. 아마 그는 완곡한 어법으로 그런 둔감하고 진부한 표현을 대체하는 낡은 문구를 발견했던 것 같다. 그래서 흔히 낮고 울리는 남자다운 목소리로 "그래, 나도!"라고 답했다. 그에게 더 말해보라고 하면 다 큰 어른의 이해할 수 없는 중얼거림이 더 많이 나올 뿐이었다. 나는 사랑을 행동으로 표현하는 것이 공허하고 무의미한 말을 하는 것보다 훨씬 낫다는 데에 감사하게 되었다.

매일 저녁 그의 차가 퇴근 뒤 진입로에 정차할 때 집 밖 나뭇잎은 흰색 흙벽을 은은하게 해 그를 환영하는 느낌을 주었다. 크거나 화려한 집은 아니었지만 우리가 함께한 첫 번째 집이었다. '이루어가는 집'이라고 할 수 있었다. 이곳에서 두 자녀가 자랐고 우리의 가장 좋은 추억이 함께한 부부 생활을 시작한 집이었다.

집 안에서는 이미 익숙한 그의 휘파람 소리가 들렸다. 아이들이 마중 나오면 항상 가장 먼저 물어보는 것이 "엄마는 어디 있니?"였다. 서류가방을 내려놓고 아이들을 껴안거나 장난스레 애들 머리를 헝클어뜨리곤 했다. 그는 부엌이나 내가 있는 곳이면 어디든지 가서 내 입술에 정확하게 입을 맞추었다.

그런 다음 뜨거운 커피 머그잔을 들고 정원에서 가장 좋아하는 아늑한 구석으로 이동했다. 그곳에서 우편물을 살펴보거나 저녁 식사 시간이 될 때까지 정원 그네에서 에드윈과 함께 휴식을 취하곤 했다. 형 에드워드는 항상 저녁에 피아노를 배경으로 우리에게 노래를 불러주었다. 화목한 분위기에서 모두 매우 즐겁고 평안한 안정감을 느꼈다.

벤은 퇴근해서 집에 도착할 때마다 항상 너무 쾌활해 보여서 사무실에서 힘든 날이 있다는 생각을 한 번도 해본 적이 없었다. 그의 업무상 어려움을 이해하지 못했을 수 있지만, 나는 자주 그가 안 좋은 상태이거나 그 시기를 알고 있었다. 주부로서 내가 가장 잘 아는 것은 그가 매일 집에 돌아올 때 편안하고 안전한 안식처를 제공하는 것뿐이었다.

또 그가 식사하는 모습을 지켜보는 것이 좋았다. 그는 내가 준비한 모든 음식에 감사를 표했다. 그런 척했다고 하더라도 그만큼 설득력이 있어서 믿었을 것이다.

나는 아내와 자녀에 대한 아버지의 애정 표현이 많은 환경에서 어린 두 아들이 자랐다는 것에 항상 감사했다. 성장기의 건강한 발달에 필요한 정서적 안정감을 제공했다.

그는 내가 요구하거나 원하는 바를 알릴 필요가 없는 사랑스러운 사람이었다. 그는 자주 주말에 입술을 삐죽 내밀고 나를 끌어당기며 "말해봐. 오늘 당신 소원은 무엇일까? 분부 받들겠습니다!"

그리고 나는 항상 "쇼핑!"이라고 신나게 대답했다.

그의 멈춰버린 미소와 눈은 그 요청에 약간 낙담한 감정을 자주 나타냈지만 매우 열정적인 표정을 유지했다. 나는 그가 쇼핑을 얼마나 싫어하는지 알 수 있었다. 그러나 그는 내가 그것을 얼마나 좋아하는지 알고 있었으므로 항상 그것을 따라갔다.

그는 사랑이 많고 사려 깊고 참을성 있고 매우 보호해 주는 사람이었다. 그날 계획이 변경되면 기꺼이 조정하고 새로운 활동이나 장소를 시도했다. 과거에는 둘 다 매우 초조함을 느꼈던 예상치 못한 일이 생기더라도 그는 그것을 당연하게 받아들였다.

벤은 내가 쇼핑을 갈 때마다 몇 시간씩 참을성 있게 기다렸다. 나는 그가 내가 너무 많이 시간을 쓰거나 물건을 산다고 불평하는 것을 한 번도 들어본 적이 없다. 어머니와 남동생 아내인 수잔Susan조차 그의 사랑스럽고 매력적인 면모에 대해 자주 칭찬을 했고, 나는 농담으로 "네, 그를 아주 잘 훈련시켰죠?"라고 대답하곤 했다.

나는 시간이 지나면서 그와 함께하는 시간을 점점 더 즐기기 시작했다. 나는 그가 항상 매 순간 완전히 함께하며 딴 곳에 마음을 쓰지 않는 것을 좋아했다. 그가 일에 매진한 것처럼 집에서도 다르지 않았다. 우리 중 한 명이 잠들 때까지 매일 밤 대부분 시간을 서로 수다를 떨며 보냈다. 우리는 꿈, 자녀에 대한 열망, 은퇴하고 나서 함께할 수 있는 일, 거의 모든 것에 관해 이야기했다. 가끔 함께 어린 시절의 추억을 되새기기도 했지만 주로 현재와 앞으로의 계획에 대한 이야기를 나눴다.

그는 나를 만나기 전에는 열심히 일할 이유나 지금까지 해온 것보다 더 무엇인가를 할 이유가 없었다고 했다. 그의 부모가 매우 원했던 가업을 유지함으로써 쉬운 삶을 선택할 수 있었다. 그 대신 그는 외부에서 일을 추구했고 끝까지 공학 분야에 대한 관심과 열정에 충실했다. 그가 직장에서 항상 좋은 날을 보낸 것은 아니었지만 매일 근무가 끝날 때 그의 눈에서 볼 수 있었던 만족감과 성취감은 올바른 선택을 했음을 알게 해주었다.

"결국 내가 이렇게 되어서 부모님이 많이 안도하셨을 거야." 매우 깊은 미소를 지으며 중얼거렸다.

"부모님은 당신을 자랑스럽게 생각하고 있어요. 벤." 나도 그를 안심시켰다.

그의 침묵 속에서 항상 아버지를 존경하고 승인을 갈망하던, 아무도 대신할 수 없는 엄마의 양육, 지원, 이해를 바라던 아이가 여전히 내면에 있다는 것을 알았다. 우리는 부모님과 함께 동행하면서 성숙해지지만 실제로는 결코 자라지 않는 것 같았다.

시간이 지나면서 그가 친구들과 하는 맥주 모임도 더 편안하게 여겨졌다. 금요일이나 토요일 밤에 아이들이나 내가 아닌 다른 사람들과 함께 있는 것에 화내기보다 더 많은 이해심을 보여주었다. 내가 감정적으로 더 안정되며 그에게 매우 중요하다고 여기는 아내와 친구, 두 가지 중 하나를 선택해야 하는 부담을 덜어주었다.

한 번은 그가 부랑자가 될 뻔한 자신을 구해준 데 대해 나에게 감사했다. 나는 어리둥절했다. 그는 나와 두 자녀를 낳아준 선물에 감사했다. 그는 우리가 어디에 있든 사는 집을 그와 아이들을 위한 가정으로 바꿔준 것에 감사했다. 열심히 일하고 최선을 다해 삶을 살아갈 이유를 준 것에 감사했다. 무엇보다 자신을 길들여준 나에게 감사했다. 그는 자신이 살면서 가능할 것이라고 상상하지 못했던 일들을 내가 해주었다고 말했다. 그가 구해준 사람은 정작 나였는데 그가 하는 모든 말을 들으며 이상한 느낌이 들었다.

아마 두 사람 사이의 좋은 결혼은 하나가 되는 데에만 집중하면 쉬울 것이다. 우리의 경우 그는 머리였고 나는 자연스럽게 가장 잘하는 일을 했는데 그것은 우리 가정의 심장이 되는 것이었다. 그가 결코 자신의 권위를 존중하라고 강요한 것이 아니라 그저 나를 사랑했을 뿐이었고 결국 나는 그에게 항복하게 되었다.

그리고 다른 모든 것이 아름답고 편안하게 제 자리를 잡고 있었다.

7장

당신이 바쁠 때 인생의 사건이 발생한다

인생은 당신이 다른 계획을 세우느라 바쁠 때 일어나는 일이다.
- 알렌 손더스Allen Saunders

벤은 항상 우리 집을 함께 짓는 꿈을 꾸었다. 매우 좋아했던 멋진 부지를 구입할 준비가 되었다고 그가 말했을 때 그것이 우리 가족의 신나는 프로젝트가 될 것이라고 진심으로 확신했다. 나는 무성한 잎사귀, 생동감 넘치는 화사한 꽃으로 우아하게 장식된 매력적인 옛날 튜더 건축 양식의 따뜻함을 불러일으키는 돌로 덮인 오두막집을 상상했다.

꿈은 엄청났지만 실제 예산은 적었다. 몇 달간의 도면 작업과 건축업자를 찾은 다음에 공사가 시작되었다. 내가 미적인 영역을 담당하는 동안 벤은 기술 측면의 세부 사항을 처리했다. 그에게는 머릿속으로 숫자가 보였고 나에게는 색상이 보였다. 이보다 더 완벽한 파트너를 찾을 수는 없었다.

건축업자가 프로젝트에 배정한 현장 감독은 조용하고 책임감 있고 훌륭한 분이었다. 우리는 한 분기 동안 현장 방문과 시공 과정을 즐겼다. 그러나 현장 감독이 개인 사정으로 떠나면서 현장 일이 꼬이기 시작했다. 감독이 교체될 때까지 프로젝트 지연이나 설계 오류가 발생하지 않도록 우리는 현장에서 더 많은 시간을 보냈다.

불행히도 우리는 시공을 하면서 이렇게 많은 문제와 장애물이 발생할 것으로 예상하지 못했다. 우리는 그것에 대해 완전히 준비되지 않았다는 것을 너무 늦게 깨달았다. 비용부터 인간관계까지 온갖 문제로 끊임없이 불안하고 스트레스를 받고 지쳐 있었다.

건축 프로젝트가 거의 끝날 무렵 벤은 두 달 이상 계속 기침을 하기 시작했다. 우리는 처음에는 그것에 별로 생각이 없었다. 그러나 그는 무려 네 명의 의사와 상담을 했고, 그들 모두 건축 현장에서 노출된 먼지 때문일 것이라고 말했다.

지난 번 건강 검진에서 아무 이상이 없었고 1년도 채 안

되었으므로 의사들 누구도 전체를 건강 검진할 생각을 하지 않았다. 세 달이 지나자 참을 수 없게 되었다. 그는 낮에는 제대로 일을 할 수 없었고, 밤에는 제대로 잠을 자거나 휴식을 취할 수 없었다. 그는 완전히 비참한 지경이었다.

나는 그가 진료를 마칠 때마다 새로운 전문의와 상담하는 대신 추가 검사를 하러 지난 번 의사를 재방문하라고 제안했다. 그는 동의했고 몇 가지 검사를 하기 위해 지난 번 폐 전문의에게 다시 갔다.

우리는 그 주 후반에 소식을 받았다. 검사 보고서는 우리가 가장 두려워했던 것을 확인해주었다. 폐암 4기라는 진단을 받았다. 벤의 건강 문제 소식은 엄청난 충격으로 다가왔다. 그날은 마침 그의 생일이기도 했다. 잔인하게만 느껴졌다.

4기는 암이 몸의 다른 부위로 전이되었다는 것을 의미한다고 전문의는 설명했다.

"어떻게 이럴 수 있지요?" 나는 종양 전문의에게 물었다. "1단계부터 시작해야 하지 않나요? 그렇지 않고 4단계까지 건너뛰었다면 1단계에서 4단계까지가 왜 필요한가요?"

의사의 설명을 들으며 벤은 내내 매우 걱정스러운 표정

으로 내 쪽을 계속 응시했다. 그때도 자신의 병이 자신에게보다 나에게 얼마나 영향을 미칠지 더 걱정한다는 것을 알 수 있었다.

나는 열여섯 살인 큰아들 방을 지나갈 때 그 무렵 열한 살이었던 남동생에게 숙제를 끝냈는지 또는 샤워를 했는지 묻는 것을 우연히 들었다. 아이들과 나는 아빠 병에 관해 이야기한 적이 없었고, 그 시기에 서로가 겪었던 감정을 이야기한 적이 없었지만, 아이들이 그 속에서 소중한 삶의 기술과 공감을 배우고 발전시키고 있다는 것을 알고 자부심을 느꼈다.

되도록 빨리 치료를 시작하라는 조언을 들었다. 나는 간병인 역할에 함께 딸려오는 새로운 도전과 요구에 전혀 준비되어 있지 않았다. 또 매일 그 역할을 할 때 주변 사람들의 현실적인 기대 이상을 수용해야 한다고 생각하지도 않았다. 나는 스트레스를 받고 수면이 부족했으며 완전히 지쳤다. 그러나 그것은 그러한 경험을 해보지 않고는 미성숙하다고 하거나 이기적이라고 말할 수 있는 경험이 아니었다.

남편을 돌보는 것은 특권이었다. 왜냐하면 그것은 남편이 나를 대신해서 해왔던 것이기 때문이었다. 주변 사람들

모두 아픈 사람만 보고 돌보는 사람을 보지 않았고 간병인 배우자는 뭔가 필요할 때만 찾았다. 그것은 육체적으로 정신적으로 너무 힘들었다.

한때 그렇게 강하고 건강했던 남편의 지지, 친밀감이 그리웠다. 그의 육신은 여기에 있었지만 실제로는 여기 있지 않았다. 남편이 그 병에 걸렸을 때 얼마나 두렵고 외로웠을지 그저 상상할 수밖에 없었다. 완전히 같은 것은 아니었지만 같은 느낌을 받았기 때문에 그것을 이해했다. 그러나 실제로 가장 격한 감정을 불러일으켰던 사실은 우리가 이제 막 새 건물로 이사했다는 것이었다. 우리는 아직 포장도 풀지 않았던 것이다.

8장
배우자의 간병인이 될 때

첫 충격이 온 뒤 우리는 암 치료에 대한 종양 전문의의 조언에 재빨리 집중했다. 벤은 첫 번째 화학 요법 치료를 받은 지 일주일 뒤 쇼핑을 가고 싶다고 말했다. 그 말은 평소 내가 하는 말이어서 생소했다.

나는 친구들과 쇼핑 갈 때 그가 지쳐 쓰러질 때까지 쇼핑을 하겠다고 농담을 하곤 했다. 그러나 그는 항상 "그건 사실이 아니야. 당신은 물건을 많이 안 사니까. 게다가 당신은 쇼핑할 때 나를 즐겁게 해 줘."라고 반박했다. 이제 어떻게 그런 사람을 이길 수 있을까? 그런 점에서 결혼에 대해 '우리는 항상 손을 잡고 있어야 돼. 만약 손을 놓으면 그녀는 쇼핑을 할 테니까'라는 말이 떠올랐다.

그래서 우리는 쇼핑하러 갔다. 벤은 암 치료가 시작되면 탈모가 올 것이라는 말을 듣고 비틀즈를 닮은 가발을 샀다. 다음으로 피트니스 매장으로 향했고 그는 방의 거의 4분의 1 공간을 차지하는 러닝 머신을 주문했다. 가격은 1,500달러 정도였고 그때는 그리 좋은 생각이 아니라는 것을 알았지만 그가 구매하는 것을 지지했다.

그가 말한 적이 없지만 그것을 원하는 이유를 이해했다. 둘 다 그의 몸이 너무 약해져 앞으로 몇 주, 몇 달 동안 어떤 정해진 일을 하기 어렵다는 것을 알고 있었다. 그렇지만 그가 회복하는 것을 기다릴 수 있었다. 또 그가 미래를 기대할 수 있는 무언가를 원한다는 것도 이해했다. 그는 이 끔찍한 질병과 싸울 수 있는 격려와 동기부여가 필요했고, 병이 나았을 때 러닝 머신을 사용할 수 있을 것이라는 희망을 여전히 가지고 있었다.

우리는 다음 주와 몇 달 동안 병원을 오가며 대부분 시간을 보냈다. 항상 또 다른 의료 검사, 화학 요법 세션, 방사선 치료가 있었다. 병원에 있는 것은 똑같이 두려웠다. 그런데도 그는 낙관적으로 유머를 했다.

그는 날 때부터 매우 낙천적인 사람이었지만 병으로 죽

을지도 모른다는 생각을 했을 것으로 생각한다. 그에게서 불안한 감정과 두려움을 자주 느꼈다. 당연히 그렇지 않았을까?

죽음은 우리의 삶, 사랑, 꿈을 끝낸다. 마음을 쓰리게 하는 깊고 차가운 최후라는 느낌이 있다. 벤은 그때까지 매우 자족적인 불가지론을 내세우고 있어 사후 세계에 대한 이해나 관심이 거의 없었다.

암 치료는 그를 계속해서 지치게 했지만 결국 몇 번의 패혈증을 이겨냈다.[4] 연달아 장기들에 문제가 생기면서 더 많은 의료 절차가 행해지는 것을 보며 자주 낙담했다. 여기 아니면 저기 문제가 생기는 식이었다. 늘 나쁜 소식에 더 나쁜 소식만 있었다. 나쁜 것을 보며 최악의 상황까지 상상하기 쉬운 처지였으므로 처음 몇 주 동안 가족, 친구들의 지지가 엄청난 도움이 되었다.

---

4) 패혈증은 빠르게 생명을 위협할 수 있는 심각한 혈류 감염 또는 혈액 중독으로 폐나 피부와 같은 신체의 다른 곳에서 박테리아 감염이 혈류에 들어갈 때 발생한다.

사랑하는 사람의 고통을 지켜보기

몇 분이라도 그의 몸에 달려있는 바늘, 검진기, 튜브를 옆에서 지켜보는 것은 정말 힘들었다. 내 폐 중 하나를 주면 그가 다시 건강해질 수 있는지 의사들에게 물어본 기억이 난다. 신장 이식이 된다면 폐 이식은 왜 안 되지? 의사들은 단호하게 고개를 저으며 모든 폐암을 같은 방식으로 치료할 수는 없다고 말했다.

벤의 자리에 내가 서게 해달라고 하나님께 자주 기도하고 청했던 기억이 난다. 그러나 하나님은 멀게만 느껴졌다. 하나님께서는 내 작은 간청을 듣기보다 우주에서 더 큰 규모의 문제에 주의를 기울이실 것이라고 생각할 수 있었다.

마치 실험용 쥐처럼 매일 모든 끔찍한 검사와 의료 절차를 거치는 것을 그의 병원 침대 옆에 서서 지켜보고 있을 때 느낀 완전한 무력감을 기억한다. 그들은 마치 그가 헝겊 인형인 것처럼 연약한 몸을 이리저리 돌렸다. 벤이 견뎌야 했던 불편함과 고통은 너무 힘들었다. 그렇지만 그가 괴로워하는 모습을 보며 느꼈던 내 괴로움이 최악이었다.

병원에서

화학 요법의 달갑지 않은 부작용 가운데 하나는 피로를 관리하는 것이었다. 대부분 시간 동안 그는 쉬거나 자고 있었다. TV를 보거나 책을 읽어주기 위해 내가 비좁은 병원 침대에 올라갈 때마다 그는 힘이 났다. 때때로 그의 옆에 조용히 누워 그저 그와 함께 있는 것만으로 따뜻함과 편안함이 그에게 전해졌다.

때때로 간호사들이 병실로 들어와 그의 바이탈을 점검하고 의료 차트에 기록했다. 간호사들은 흔히 우리에게 유쾌하게 인사하고 잉꼬라고 불렀다. 반면에 벤은 체온과 혈압을 재는 간호사들에게 차갑고 좋지 않게 인상을 찌푸리고 눈을 가늘게 뜨곤 했다. 그는 항상 그들에게 꽤 친절했지만 우리가 붙어 있는 시간이 방해를 받을 때는 그러지 않았다.

벤과 나는 큰 소리로 말하는 것이 불편할 때마다 손과 손가락 모양, 눈짓 교환 또는 표정 같은 미세한 신호를 사용하여 의사소통했다. 그것은 약간의 찡그림이나 입원실 저편으로 '아는 척하는 표정'을 짓는 것처럼 평범했다. 대부분은 사람들이 사용하는 일반적, 보편적인 신호였지만 몇 몇은 수 년간 우리가 만든 신호도 있었다.

나는 그에게 보통의 가위-바위-보 변형인 돌-물-새Stone-Water-Bird 게임을 가르쳤다. 참가자가 손을 뻗어 세 가지 모양 가운데 하나를 내는 게임이었다. 우리는 너무 피곤하거나 게으름이 나서 그저 하고 싶지 않을 때 누가 일할지 결정하기 위해 이 게임을 했다. 나는 대개 매번 그가 낼 순서와 확률을 정확히 추측하는 데 능숙했고 항상 그에게 이겼다.

그는 매번 더 예측할 수 없게 불규칙적으로 모양을 만드는 연습을 하더니 몇 년 후에는 나아졌다. 이 게임을 할 때면 결국 누가 이기고 지는지에 상관없이 우리는 늘 매우 즐거웠다. 무엇보다도 그가 이기더라도 결국 나를 위해 일했다. 실없고 유치했지만 누구도 그가 하는 방식처럼 날 웃게 만들 수 없을 것이다. 우리가 했던 이 게임이 그립다.

우리가 떨어져 지낸 밤들

그가 병원에 머무는 동안 서로에게 보낸 문자는 우리를 긴

밀하게 연결하고 격려해 주었다. 벤이 보낸 문자 메시지에서 병에 걸린 그의 깊은 외로움을 느꼈고 우리가 떨어져 지내며 그의 외로움은 더해져 갔다. 그는 자주 자신이 더 편안하고 친숙한 환경인 집에 있는 것이 훨씬 더 좋겠다는 바람을 나타냈다.

그러나 점차 그는 약해져서 문자 메시지 답신을 못 하게 되었다. 내가 정신이 멍해지고 있다고 느낄 때마다, 내가 강인함을 유지하는 것이 그에게 얼마나 필요한지 떠올리게 하는 그의 예전 문자들을 찾아 읽어 보았다.

그의 문자는 이 질병과 싸워야 한다고 이야기했다. '당신은 내게 큰 도움이 돼. 당신이 없었다면 내가 뭘 해야 할지 몰랐을 거야.' 또 중환자실로 옮겨지기 직전에 그가 보낸 문자는 '걱정하지 마. 사랑하는 아내를 위해 싸우지 않고 갈 생각은 없으니까'라는 내용이었다.

그는 약속을 지켰고 또 다른 감염과 싸우기 위해 중환자실에 머물 때마다 빠르게 회복했다. 그러나 1~2주 뒤 강력한 항생제로 인한 백혈구 감소로 또 다른 감염이 발생하면서 안도감의 순간은 아주 짧았다. 매번 그가 터널의 한쪽 끝에서 나와 다른 쪽 끝으로 들어가는 것을 보는 것 같았다.

회복실

벤이 병원에서 집으로 돌아오자 우리는 1층에 있는 손님방에 머물렀는데 그가 너무 약해져서 침실로 가는 계단을 오를 수 없었기 때문이었다. 우리 집에서 가장 편한 방은 아니었지만 충분히 아늑했다. 또 집 주변의 녹지를 볼 수 있는 넓고 전망 좋은 방이었다.

그는 병원에 있을 때보다 잠을 덜 잤다. 때때로 아이들과 함께 영화를 보거나 앉아서 서류를 관리하기도 했다. 그가 집에 있을 때가 더 좋았다. 그를 음산한 병원에 혼자 두어야 한다는 죄책감 없이 요리하고 더 많은 집안일을 할 수 있었기 때문이었다.

화학 요법의 부작용 가운데 하나는 식욕 부진인데, 이로 인해 뭔가를 먹게 하는 것이 자주 어려웠다. 그가 먹을 수 있는 모든 종류의 음식이나 액상 보조제를 제안했지만 그 어떤 것도 그에게 통하지 않았다. 사실 그는 음식 생각만으로도 구역질이 났고, 식사 문제에 대해 묻자 자주 크게 짜증을 냈다.

어느 날 오후 부엌에서 그를 위해 점심을 준비하려고 할 때 창밖을 바라보며 생각이 풀려나오기 시작했다. 밖은 그림자가 거의 없고 멀리서 보아도 흐린 하늘이 보이지 않는 덥고 밝은 날이었다. 그러나 그것은 나를 사로잡은 슬프고 암울한 절망감과 어울리지 않았다.

얼마 지나지 않아 나는 싱크대 옆에 서서 어린아이처럼 울고 있었다. 나는 그가 뒤에서 다가와 부드럽고 조용한 목소리로 속삭이는 것을 느낄 때까지 그가 들어온 사실조차 깨닫지 못했다. "이봐…." 이야기하고는 말이 없었다. 그러고는 뒤에서 나를 팔로 감싸 앉았다. 가슴이 찢어지도록 우는 동안 그는 나를 꼭 안아주었다.

폐암이 진행되며 그의 목소리는 시간이 지남에 따라 점점 쉰 목소리로 변하고 약해졌다. 필요한 것이 있을 때는 벨 소리를 이용해야 했다. 그는 여전히 말하고 해야 할 일이 훨씬 더 많았기에 목소리와 건강을 잃는 것은 그에게 너무나 가혹한 일이었다. 그는 정말 뛰어난 유머 감각, 재치, 지혜를 가진 재미있는 사람이었다. 그리고 매번 몇 마디 말을 할 때도 애를 써야 했지만, 여전히 상황을 가볍게 하며 재미있는 말을 할 수 있었고 심지어 내가 얼마나 아름다운지 떠올리게 하는 다정한 순간을 만들기도 했다.

9장
순간들을 수집하기

암은 당신의 삶을 더 나은 방향으로 변화시킨다.
무엇이 중요한지 배운다. 우선순위를 정하는 법을 배운다.
시간을 낭비하지 않는 법을 배운다. 사람들에게 사랑한다고 말한다.
– 조엘 시겔Joel Siegel

까르페 디엠Carpe diem은 라틴어 격언으로 일반적으로 '오늘을 즐겨라'로 번역된다. 비를 잡으려고 손을 내미는 것과 비슷하다. 오랫동안 유지할 수는 없지만 손바닥에 닿는 모든 물방울을 알아차린다. 그리고 사랑하는 사람이 말기 질환으로 고통받고 있을 때 너무 빨리 지나간 시간에 대해 그렇게 느꼈다.

 어느 늦은 오후, 그가 침대에 누워 있을 때 나는 얼굴을 그에게 아주 가까이 대었던 것을 기억한다. 그는 평소처럼 쉬는 동안 한 손으로 내 손을 감쌌다. 그의 손은 나에 비해 컸다. 서로의 손을 꼭 잡은 우리 둘 다 형용할 수 없는 위로를 느꼈다. 삶의 시간이 천천히 흐르며 육체적 접촉을 통해 사랑의 유대감을 표현하는 것이 아직 가능하지만 그 시간이 얼마 남지 않았다는 것을 점점 더 자각하게 되었다.

암, 화학 요법, 방사선 및 약물의 영향으로 그의 몸이 서서히 약하고 상하기 쉽게 변하는 것을 보았다. 한때 그렇게 강하고 건강했던 한 남자의 슬프고 공허하고 멍한 시선이 드러나는 것이었다. 연한 갈색 눈을 깊숙이 응시하면서 그의 눈이 얼마나 아름다운지 궁금했다. 마치 그의 영혼 깊은 곳을 들여다본 것 같았다.

나는 내면 깊은 곳에서 비춰지는 슬픔을 보았다. 나는 그에게 "당신은 어떻게…. 그렇게 잘 … 지금까지 나를 불평 없이 받아들일 수 있었어?"라고 물을 수밖에 없었다.

내가 옹졸하고 사랑스럽지 못했던 시간들이 생각났다. 그의 삶을 어렵게 했던 내 모든 결점을 기억했다. 나는 너무 부끄러웠고 그가 자주 참을성 있게 받아주었던 그 모든 이기적이고 유치한 짜증을 내지 않고 좀 더 성숙했으면 좋았을 텐데 싶었다.

벤은 내 눈을 사랑스럽게 응시했다. 아마도 그는 내 취약한 부분을 볼 수 있었을 것이다. 그는 그저 '괜찮아' 같은 말로 그것을 무시하는 대신 눈썹을 약간 치켜 올리고 사로잡는 눈으로 대답했다. "그럼 당신은 어떻게 … 나를 받아 줄 수 있었어?"

그 말이 너무 심오하게 가슴 아프고 강렬했으므로 벤이 매우 묘한 말로 나를 놀라게 한 것인지, 아니면 내가 느꼈던 깊은 고통 때문인지 나중에 도저히 알 수 없었다.

나는 그와 같은 사람을 만난 적이 없다. 그는 모든 면에서 사람이었지만 거의 신성에 가까웠다. 그가 뿜어내는 선함으로 사람들이 자연스럽게 그에게 끌리는 것처럼 보였기 때문에 자주 주의를 끌었다. 그는 타고난 카리스마가 있어 상대방의 눈을 똑바로 바라보며 진심과 질책으로 마음까지 와닿는 감정을 불러일으키는 능력을 지녔다.

우리는 죽은 뒤에 어디로 가는가?

나는 열두 살 때 만난 성경의 하나님에 대해 그에게 말하려고 여러 번 시도했다. 불행히도 이것은 그가 전혀 관심이 없었고 그 어떤 부분도 원하지 않던 내 인생의 유일한 부분이었다.

조나단 포어Jonathan Foer는 "내가 타고 싶은 기차에서 손을 흔드는 것처럼 시간이 흘러갔다. 내가 당신에 대해 간절히 생각하는 것만큼 당신은 미련없이 떠나기를 바란다."라고 썼다. 나는 벤이 그리스도를 알지 못한 채 이 땅을 떠나게 된다면 어떨지 상상했다. 그리고 나는 매일, 남은 생애 동안 그것을 후회하며 살게 될 것이었다.

사람들은 흔히 사랑하는 사람을 여읜 지인에게 "당신의 상실loss을 애도합니다."라고 말한다. 그러나 우리가 "내 사랑하는 사람들이 어디에 있는지 나는 알고 있으며, 무엇보다 언젠가는 그들을 훨씬 더 나은 상태에서 보게 될 것이다."라고 말한다면 여전히 그것을 상실이라 부를 수 있을까?

내세afterlife라는 주제에 관해 설명할 준비를 하면서 나는 그가 불쾌하게 반응할 것으로 예상했고 심지어 그가 화를 낼 수도 있다고 생각했다. 나는 그에게 그 이야기를 하는 방법을 고민하기 위해 병원 복도를 위아래로 서성거렸다. 지금은 그를 화나게 하기에는 너무 나쁜 시간인 것 같았다. 그러나 다시 생각해보아도 이런 주제에 관해 이야기를 할 더 좋은 시간이라는 것이 있을까?

나는 그에게 이 땅을 떠나는 사람들에 대해 어떻게 생각하고 그들이 어디로 간다고 생각하는지를 물었다.

그는 사람이 죽으면 모든 것이 끝나는 것이라고 신중하게 대답했다. 천국도 지옥도 그 중간도 없고 그냥 아무것도 없다고 답했다.

나는 그에게 부드럽게 물었다. "그런데 만약에 혹시라도 그런 것이 있다면?"

그는 한마디도 하지 않았고 우리가 이 주제에 관해 이야기할 때마다 보통 그러하듯이 내가 더는 말을 못 하게 막으려 하지도 않았다.

나는 계속해서 말했다. "만약 당신이 이 땅을 떠나서 깨어나서 정말 천국과 지옥이 있다는 것을 알게 된다면 어떨까? 만약 예수님을 믿고 영접한 사람만이 진정으로 천국에 간다면 어떨까?"

그는 공정하지 않다고 대답했다. 그 말은 단호했는데 모든 종교가 선을 가르치지만 모든 기독교인이 선한 것은 아니라고 했다.

나는 그를 미안한 표정으로 바라보며 단언했다. "모든 기독교인이 선한 것은 아니야. 기독교인은 인간이며 그들이 착해서 천국에 가는 것이 아니라 용서받아서 천국에 가는 거야."

다음 몇 분 동안 강렬한 침묵과 함께 우리 둘 다 방에 앉아 잠시 말을 멈췄다.

"당신이 믿는다고 해서 잃을 것이 있어?" 나는 물었다. 처음으로 그는 경계를 늦추고 듣고 있는 것 같았다.

나는 계속해서 말했다.

"그리고 지옥이 있다는 것을 아는 것보다 천국이 있다고 생각하고 일어나는 것이 더 낫지 않아? 그리고 당신이 추측한 것이 옳다고 가정해 봐. 결국에는 아무것도 없고 내가 말한 모든 것이 틀렸다는 것이 입증된 거야. 비록 그렇다고 하더라도 당신은 여전히 아무것도 잃을 것이 없어."

그는 조용히 생각에 잠겼다.

내가 이 주제를 제기하려고 시도한 것은 이번이 처음은 아니었지만, 그가 나에게 이 정도로 말하도록 허락한 것은 처음이었다. 그는 바닥이 보이지 않는 허공을 응시하는 것처럼 카펫 바닥을 내려다보고 있었다.

나는 그를 슬프게 바라보며 계속 말했다. "우리 두 아들과 내가 기독교인이라는 것을 알고 있지? 그것은 우리가 죽으면 다시는 만날 수 없다는 뜻이야. 우리는 내세에서 다른 곳으로 헤어질 것이기 때문이야."

그런 다음 내가 한 말은 그 어느 때보다 그의 신경을 자극한 것 같았다. 그는 시선을 옮겨 곧장 나를 올려다보았다. 그의 눈은 우리 가족들이 헤어지는 것의 영원함, 그 깊이와 폭을 깨닫고 정신이 아득한 상실감을 드러냈다. 그는 단호한 표정을 지으며 자신도 기독교인이 되기를 원한다고 큰소리로 확언했다. 그래서 우리 모두 사후 세계에서 언젠가 다시 함께할 수 있을 것이라고 했다.

그의 결정에 대한 동기는 그 시점에서 믿음의 장소에서 나온 것이 아닐 수도 있지만 그것은 현명하고 잘 계산된 도박이었다.

부모님의 축복

벤은 매우 친밀감이 높은 가정에서 자랐다. 당연히 그는 자신이 기독교로 개종함으로써 부모가 상처받을 것을 염려했다. 자신이 새로운 신앙을 받아들인 것이 그들에 대한 불효와 저버림을 의미하는 것으로 오해받지 않기를 원했다. 우리는 그의 부모가 확고한 도교 신자라서 강한 저항을 예상했다. 우리는 그들의 이해를 바랄 뿐이었지만, 그들이 이해하지 못할 경우도 어느 정도 마음의 준비를 했다. 그래서 부모님이 즉시 허락하셨을 때 우리는 매우 놀랐다.

어머니와 통화한 뒤 그의 얼굴에서 안도의 표정을 볼 수 있었다. 그의 어깨에서 무거운 짐이 내려진 것 같았다. 그러나 아무도 나보다 더 행복할 수는 없었다. 사실 너무 기뻐서 그날 오후 병원 복도에서 마카레나 춤을 추는 것을 자제해야 했다.

두 명의 목사와 몇몇 교회 지도자들이 그 주 후반에 병원에 와서 죄인의 기도sinner's prayer를 통해 벤을 인도했다.[5] 그는 그날 오후에 물 뿌림으로 침례를 받았다. 벤은 병으로 인해 침대에 누워 있어야 했지만 내내 미소를 지었고 쾌활해 보였다. 겉으로 보기에는 아무것도 변하지 않은 것 같

---

5) 죄인의 기도는 자신이 죄인임을 깨닫고 예수 그리스도를 통한 구원이 필요함을 깨닫고 하나님께 드리는 기도이다.

았다. 그는 여전히 약했고 계속 쇠약해지는 질병에 시달렸다. 그러나 우리는 나중에 방에서 어떤 가벼움과 실재하는 평화를 느꼈다. 지난 몇 달 동안 우리를 맴돌았던 두려움과 무거움은 분명히 사라졌다.

죄인의 기도는 하느님의 눈과 영적인 영역의 눈에 중요하다. 영적인 영역은 그리스도께 속한 자와 그렇지 않은 자를 구별한다. 성경은 믿는 자마다 성령으로 인치심[6]을 받게 되며 성령이 보증하사 하나님께 속한 자들이 구원을 받게 된다고 하였다.[7]

한 번은 동말레이시아인 친구가 최근에 그리스도를 영접한 이전 '현지 주술사bomoh'의 간증을 나에게 들려주었다. 그 남자는 영적인 영역을 들여다볼 수 있는 능력이 있는 것으로 알려졌다. 마을의 많은 사람이 일반적으로 '흑마법black magic'으로 알려진 그의 어둠의 기예를 위해 그가 주관하는 제사에 참여했다. 그가 악령들이 기독교 신앙을

---

6) 인치심이란 누구에게 속한다는 도장을 받는다는 의미이다. 예수를 믿고 따름으로써 성령의 표시를 받는다는 의미로 성경에 나오는 기독교적 표현이다.
7) 에베소서 1:13-14, 그 안에서 너희도 진리의 말씀 곧 너희의 구원의 복음을 듣고 그 안에서 또한 믿어 약속의 성령으로 인치심을 받았으니 이는 우리의 기업에 보증이 되사 그 얻으신 것을 구속하시고 그의 영광을 찬미하게 하려 하심이라.

믿는 사람들을 피하는 경향이 있다는 것을 알아차린 것이 흥미로웠다. 그러나 그와 같은 영혼은 그렇지 않은 사람들에게 쉽게 붙었다. 그는 기독교 신앙에 속한 사람들은 믿지 않는 사람들에게는 없는 강력한 영적 덮개를 가지고 있음을 인식했다. 그가 너무 놀라 스스로 기독교를 받아들이기로 결심했고 그 뒤에는 과거 어둠의 기예들을 버렸다.

구원은 아직 구원받지 못한 사랑하는 사람들을 둔 그리스도인의 모든 마음 중심에 있다. 지상에서의 삶이 전부가 아니기 때문이다. 이 땅의 시간, 즉 창조된 세계는 토마스 브라운 경Sir Thomas Browne 이 말했듯이 "영원의 작은 괄호에 불과하다." 완벽한 신세계에서 사랑의 하느님과 함께 영원을 보내고 그 안에서 사랑하는 사람들과 다시 만나는 것보다 더 좋은 것은 없다. 언젠가는 이생의 모든 고통이 끝나고 그분이 우리가 흘리는 모든 눈물을 닦아내 주실 것이라는 것이 그리스도를 믿는 모든 신자의 소망이다. 다시는 사망이 없고 애통하는 것이나 곡하는 것이나 아픈 것이 다시 있지 아니하니, 이전 것들이 모두 지나갔음이라.[8]

---

8) 요한계시록 21:4, 모든 눈물을 그 눈에서 씻기시매 다시 사망이 없고 애통하는 것이나 곡하는 것이나 아픈 것이 다시 있지 아니하리니 처음 것들이 다 지나갔음이리라.

10장
인생의 마지막 날들

벤이 그리스도에 대한 새로운 믿음을 받아들인 뒤, 천국이 여기보다 나은 곳이므로 죽음은 더는 두려워할 것이 아니었다. 더구나 우리를 위해서만 그를 고통 속에 살게 할 것이 아니라 그를 보내야 하는 것도 사랑 때문이었다.

나는 그가 하늘에서 온 신성한 초대의 기회를 여러 번 놓쳤을 것이라고 생각했다. 그가 한 번은 터널에 있다가 되돌아가기로 결정한 일에 대해 이야기한 적이 있다. 또 다른 때 그는 평생 알고 지냈던 많은 사람의 사진을 천장에서 보았다고 말했다. 그의 영혼이 육체를 떠날 준비를 하고 있었는데도 그가 어떻게든 지상에 머물려고 하는 동안 그의 삶 일부가 눈앞에 번쩍이는 것을 보았던 것일까?

병원에서 돌아와 혼자 쓰는 방에 돌아왔을 때 오직 하나님께 부르짖을 수밖에 없었다. 그러나 우리 상황에 대해 하나님께 무엇을 기도해야 할지, 간구해야 할지 몰랐다. 이렇게 병이 진행된 단계에서 회복을 간구하는 것은 상식 밖이었다. 그러나 나는 어쨌든 기적을 간구했다. 하나님께 그를 데려가 달라고 간구하는 것이 그에게는 해결책처럼 보이지만 그럼 우리는 어떻게 하나? 나는 그가 없는 세상을 상상할 수 없었지만 그를 그런 상태로 두는 세상도 견딜 수 없었다.

나는 모든 고통이 그의 몸을 두드리고 있는데도 희망도 낙관도 없이 계속 매달려 있는 그를 계속 보았다. 그의 장기가 하나씩 멈추기 시작하면서 하루가 지났다.

그런 다음 기다림이 시작되었다.

어느 날 오후 그의 머리맡에 갔다. 나는 내 말을 들을 필요가 있거나 또는 내 허락이 필요하면 그를 자유롭게 할 준비가 되어 있다고 말했다. 마야 안젤로우 Maya Angelou가 말했듯이 "사랑은 구속하지 않고 자유롭게 한다."

그는 주사를 맞고 깊은 진정 상태에 있었고 집중 의존실에서 반응이 없는 상태로 있었다. 나는 그의 손을 잡고 우리 애들은 내가 돌볼 테니 걱정하지 말라고 말했다. 나는 그를 영원히 사랑하겠다고 약속했고 그는 이제 떠나가도 된다는 내 허락을 받았다. 나는 그를 자유롭게 해주고 있었다.

2008년 새해를 맞이한 첫날, 의사들은 심장이 얼마 전 멈췄지만 성공적으로 되살렸다고 말했다. 그들은 또 다른 심정지가 올 것이라고 말했고 그를 놓아줄 준비가 되었는지, 또는 심장이 다시 멈출 경우 생명 유지 장치에 연결해야 할지 알아야 한다고 말했다.

벤의 대부분 장기가 멈췄으므로 선택은 그의 죽음이 임박한 것이 분명해 보였다. 의사와 나는 그런 절차가 더는 그의 상태에 도움이 되지 않는다는 것이 분명하므로 그를 더 많은 아픔과 고통에서 해방시키는 것이 더 존엄하다는 데에 동의했다.

그렇지만 바로 그때 벤의 가족에게 생명 유지 장치를 승인해 달라는 전화를 받았다. 나는 그것이 나에게 달려 있지 않다는 것을 분명히 알게 되었다. 더는 논의할 여지가 없다는 것이 나에게 아주 분명했다.

트라우마

시간이 늘 절대적인 것이 아니라 상대적이라는 것이 이상하지 않은가? 보송보송한 낭만적인 순간의 일 분은 시간이 정지된 것처럼 느껴지지만, 불안 속에서 기다리는 일 분은 영원처럼 느껴질 수 있다.

이후 나흘은 정말 인생에서 경험한 최악의 날이었다. 병세는 지난 7개월간 경험한 어떤 것과 비교할 수 없었다. 마치 악몽에 갇힌 것 같았고 다시는 나올 수 없었다.

그의 연약한 몸은 온통 튜브로 뒤엉켜 있었다. 그가 기계에 매여 있던 것은 생명을 연장하기 위한 것이었을까, 아니면 죽음의 과정을 연장하기 위한 것이었을까?

생명 유지 장치의 윙윙거리는 소리가 귀를 먹먹하게 할 것처럼 침묵을 깼다. 나는 방 안 그의 침대 발치에 서서 속수무책으로 지켜보고 있었다. 나는 그저 그의 생명이 완전히 사라질 때까지 생명이 서서히 빠져나가는 것을 지켜보는 것 외에 무엇을 할 수 있는지 몰랐다.

그는 다양한 색상의 여러 종류의 액체를 뽑아내는 것처럼 보이는 많은 호스와 비닐 팩을 몸에 부착했다. 엄청나게 고통스럽고 끔찍해 보이는 모습이었다. 그 이후 매일 잊으려고 노력했던 모습이었다.

나는 고통스럽게 천천히 그가 죽는 것을 지켜보며 나흘을 보냈다. 그리고 내가 실제로 이 잔인한 배웅에 가담했다고 생각하는 것이 더욱 터무니없었다.

그를 구하기보다 벌을 주는 것 같았다. 그것은 완전히 터무니없는 것처럼 보였다. 그것을 왜 하는지 이해하지 못하면서 무언가를 하는 것은 어렵다. 당신이 원하는 것과 완전히 반대되는 다른 신념을 가지고 있을 때 그러한 조치의 이점을 볼 수 없다.

그래서 그 모든 끔찍한 트라우마가 내 일부가 되어 나를 사로잡았다.

11장
새로운 일상 찾기

벤이 세상을 떠난 뒤, 두 아들과 나는 처음 몇 달 동안은 어떻게 살아야 할지 모른 채 우리만의 작은 세계로 숨어든 것 같았다. 더는 평범한 주말 가족 모임이 없었고 이후 연간 여행을 계획하지도 않았다. 매일 저녁 식사조차도 이전과 같지 않았다. 모든 것이 그저 일처럼 느껴졌다.

아마 아이들이 십대 소년들이어서인지 아빠가 그립다는 말을 할 때면 이해하기보다는 어색하다는 반응이 더 많았다. 우리 각자의 일을 할 때 그냥 덜 고통스럽게 느껴졌다. 나는 거의 알아차리지 못했지만 새로 변경된 사항들과 작은 변화들이 아이들과 나에게 새로운 일상이 되고 있었다.

일자리 찾기

벤이 주님과 함께 하는 본향으로 부름받은 지 5개월 뒤, 그가 함께 일하던 회사에서 법률 부서 일 자리를 제안했다. 아이들이 생긴 이후로 9시부터 5시까지 규칙적인 근무 환경에서 여러 해 동안 일하지 않았던 터라 일찍 기상하는 것이 나에게 가장 큰 도전이었다.

벤이 매일 아침 출근 준비를 할 때 나를 깨우지 않으려고 살금살금 방을 돌아다니던 것을 기억한다. 대부분 방을 떠나기 전에 이불을 덮어주거나 얼굴에 키스를 해서 나를 약간 깨우곤 했다.

남편이 거의 20년 동안 일했던 같은 사무실에서 일할 수 있다는 생각에 황홀했다. 나는 신이 나서 벤이 출근했던 것과 같은 길과 시간을 택했다. 나는 건물의 같은 계단을 따라 걸었고, 아마도 같은 개찰구를 통과했으며 승강기에서 같은 버튼을 만졌을 것이다.

나는 그가 함께 일했던 사람들을 만났고 그가 자주 다니던 사무실 근처의 같은 식당에서 점심을 먹었다. 내가 남을 불편하게 할 정도로 집착한 걸까? 내가 의도한 바가 아니었지만 나는 결코 그런 것은 정말 알지 못했다. 사랑하는 남편의 직장생활이 정말 궁금한 나머지 기회를 그냥 지나칠 리 없었던 것이다.

그러나 새로운 직장 생활에 대한 낯선 압박감은 곧 눈앞에 있는 빛에 대한 첫 흥분을 가시게 하였다. 그것은 나를 빨리 짓누르기 시작했다. 직장 상사는 그가 처음 일을 시작했을 때 아무도 그에게 가르쳐주지 않았다는 것을 첫 주부터 분명히 말했다. 그는 자신이 아는 모든 것을 어려운 방법으로 배워야 했으므로 누구를 가르치는 데 아무런 관심이 없다고 말했다. 내 상사는 다른 사람들에게는 좋은 사람처럼 보였지만 나를 경멸하는 것을 거의 숨기려 하지 않았다. 그는 내 동료들에게 인맥을 통해서만 입사할 수 있는 나 같은 사람들에 대해 분개한다고 말했다.

인맥? 기껏해야 회사의 누군가를 알고 그들의 추천을 받는 것은 기회를 제공할 뿐이다. 그러나 법학 학위나 3차 교육기관 성적은 수년간의 부지런한 학습, 학교 출석 및 모든 시험을 통과해야만 받는 것이다. 지름길도 없고 그것을 대체할 수 있는 인맥도 없다. 나는 그와 같이 교양 있는 사람이 그런 방식으로 생각하는 것에 소름이 끼쳤다.

그냥 일에 몰두하면 상황이 나아질 수도 있다고 생각했다. 아마도 작업이 익숙해질 것이다. 다른 사람들이 모두 그렇게 시작했다면 분명히 나도 할 수 있을 것이다. 그렇지만 내가 매달리려고 했던 밧줄이 너무 찾기 힘들어 보였다. 나에게 주어진 유일하고 친숙한 구명줄은 흔히 다음과 같이 "먼저 일을 해 놓으면 그것이 옳은지 내가 당신에게 말하겠습니다. 내가 듣고 싶은 말은 '점프'하라고 하면 얼마나 높이 뛰어야 하는지 묻는 것입니다."라는 말이었다.

나는 주어진 시간 내에 주어진 모든 작업이나 파일을 성공적으로 정리하여 상사의 신뢰를 얻으려고 노력했다. 나는 더 열심히 일하고 비슷한 작업을 했던 과거 자료들을 살펴보기 위해 더 많은 개인 시간을 투자하려고 노력했다. 집에 있을 때 공부하려고 관련 업무의 책을 구입했다. 그러나 점점 늘어나는 작업 속에서 기대를 뛰어넘거나 충족시키려고 아무리 노력해도 결코 도달할 수 없는 것 같았다. 그것은 항상 닿을 듯 말 듯한 길이었다. 놀리는 것 같았다.

시간이 지남에 따라 상황이 나아지는 대신 강도를 높이기 시작했다. 그는 나에게 말하고 싶을 때 전화 인터콤을 사용하지 않았다. 그는 자기 방에서 내 이름을 소리쳤고,

그래서 나는 그가 원하는 것이 무엇인지 알아보기 위해 때로는 하루에 여러 번 자리에서 일어나야 했다. 그는 또한 자주 전화로 내가 잘못했다고 생각한 모든 것을 큰 소리로 말했다. 문을 활짝 열어 두어서 나에 대한 대화가 책상에서 들리도록 했다.

너무 끔찍하게 느껴졌다. 그러나 그것을 거부하는 대신 그것을 내 영spirit으로 받아들였다. 나는 그것이 내 머릿속에서 계속해서 재생되도록 내버려 두었다. 나는 이 새로운 직장 생활의 감정, 특히 거의 매일 직장에서 상사에게 모든 동료가 들을 수 있는 거들먹거리는 행동, 모욕 및 꾸짖음에 대처하는 방법을 몰랐다.

업무에 익숙해질 시간을 주는 것이 당연하다고 공감하는 동료들이 제안하자 그는 "수영할 수 있는 사람만 남는 것"이라고 냉정하게 답했다. 그는 동료들에게 회사가 자선단체가 아니라고 공개적으로 말했다.

동료들이 그의 말을 전했을 때 길고 지루한 근무가 끝난 뒤에도 '자선charity'이라는 단어가 머리에 남아 있었다. 나는 점점 더 지치고 의기소침해졌으며 자신이 무가치하다는 느낌까지 받았다.

내 마음의 한 부분이 꺼지면 다른 부분에서 또 다른 압력이 작용한다. 남편과 같은 직장에서 내가 조금의 결점을 보여도 남편의 명성에 큰 영향을 미칠 수 있다는 사실을 상기하게 되었다. 남편은 지난 20년 동안 회사의 소중한 자산이었고 그 업계의 사람들은 그를 알고 있었다. 그 두려움은 비합리적으로 직장에서 내가 실제로 직면하는 것이 무엇인지 다른 사람들이 알기를 원하지 않았는데, 내 한계로 인한 잘못이라고 줄곧 느꼈기 때문이었다.

내가 과거에 달성한 모든 학문적 우수성, 영예는 당면한 매우 무의미한 과제들에 대처할 수 있다는 확신을 주지 못했다. 나는 벤 없이 현실 세계를 마주할 준비가 그렇게 부족할 수 있다는 것을 깨닫지 못했다.

과거 어느 날 시험장에 들어서자 세 명의 감독관이 서로를 바라보며 "착오가 있었나요? 저분이 전국에서 범죄학criminology을 듣는 유일한 후보인가요?"라고 물었던 장면이 떠올랐다. 그들은 법학의 다른 모든 과목에는 매년 적어도 200명의 후보자가 각 논문을 준비했기에 실수가 있었다고 확신하면서 나를 쳐다보았다. 그들 가운데 한 명이 큰 봉투에서 꺼낸 종이를 미친 듯이 뒤지기 시작했다.

"실례합니다, 선생님." 내가 소리쳤다.

그녀 뒤에 서 있던 다른 두 명의 남성 감독관이 나를 올려다보았다. 내가 선택 과목을 독학 중이라고 설명하고 나서야 금방 자리를 잡아주었다. 나는 시험 일람표에 명시된 번호에 따라 좌석이 결정되는 일반적인 환경과 달리 아무 곳이나 앉아도 된다는 말을 들었다. 티타임을 마치고 돌아와서 나에게 간식도 주었다.

그런 다음 생각이 들었다. 아마도 누구나 9개월 안에 외부 학위 과목을 독학할 수 있었을 것이다. 그러나 모두 사람이 집에서 세 살 반의 아이와 함께 임신 3분기 말에 네 개의 학위 과목을 모두 마치고 결국 우등으로 대학을 졸업할 수는 없을 것이다.

과거의 영광은 과거에 남아 있다는 것이 사실이지만 과거가 우리가 갖게 될 전부는 아니다. 실제로 자신이 하지 않은 것을 주장할 수는 없다. 그래서 다윗이 "나는 골리앗을 쓰러뜨릴 수 있다. 나는 사자와 곰을 모두 죽였다."라고 얘기했던 것처럼 이러한 시기는 나도 다윗과 같은 사람이었다는 것을 스스로 상기해야 할 때였다.[9]

---

9) 사무엘상 17:36, 주의 종이 사자와 곰도 쳤은즉 사시는 하나님의 군대를 모욕한 이 할례 없는 블레셋 사람이리이까. 그가 그 짐승의 하나와 같이 되리이다.

갑자기 나는 벤이 내 방패이자 인생의 계획자로 존재하지 않을 때의 대처 방법을 모르고 있었으며, 그 이후로 매일 내가 마주하는 보기 싫은 것들을 처리하는 것은 훨씬 더 어렵다는 것을 깨달았다.

직장에서 나는 가끔 내게 주어진 업무와 관련된 이전 문서에서 벤의 이름과 서명을 발견했다. 그렇지만 나약함을 드러내는 것은 적절하지 않아 매번 눈물을 참아야 했다. 그것은 마치 교실 문 밖에 서서 자랑스러운 눈으로 당신을 바라보는 아버지를 언뜻 보았지만 선생님이 허락하지 않아 그에게 갈 수 없는 것 같았다.

점점 더 많은 식사를 거르면서 식욕을 잃기 시작했다. 다음날 또 일하러 가야 한다는 생각만으로도 두렵고 초조한 마음으로 잠자리에 들었다. 나는 벤이 거의 항상 모든 답을 알고 있었으므로 내가 겪는 모든 것을 벤에게 말할 수 있기를 간절히 바랐다. 나는 하나님께도 부르짖었다. 그러나 그것은 우리 사이의 큰 틈으로 분리된 언덕 위에 사는 사람들을 부르는 것과 다르지 않았다.

그와 동시에 시댁 식구들과 문제도 이따금씩 불거졌다. 우리 사이에는 여전히 많은 문제와 풀리지 않는 긴장이 있었다. 그렇지만 그들을 어떻게 대해야 할지 몰랐다. 그래서 그들을 계속 피했다. 나는 성인 여성이었다. 그러나 어느 날부터 전화벨 소리, 그들의 전화 번호를 보는 것만으로 두려움에 완전히 겁에 질려 얼어붙을 것이라고 전혀 예상하지 못했다.

나는 아무도 나와 내 아이들을 다시는 찾지 못하도록 내가 지구상에서 사라져 버렸으면 하고 매일 간절히 바랐다. 벤이 없는 세상은 너무나 적대적이고 무서운 곳으로 보였다.

그때 가족의 친구가 자신이 몸 담고 있는 의료계에서 적극 추천하는 정신과 의사와 이야기를 해보라고 조언했다. 물론 처음에는 망설였다. 정신 건강 문제mental health issues가 있는 경우에는 아시아 문화에서는 낙인이 찍히게stigmatised 된다. 도움을 구하는 것은 권한을 부여empowerment하는 행위가 아니라 나약함weakness, 수치심shame의 형태로 여겨진다.

그렇지만 고민 끝에 나는 약속하기로 했다. 45분간의 신중한 상담 끝에 나는 의료 보고서에서 '자살 경향이 있는 심각한 우울증severely depressed with suicidal tendencies' 진단을 받았다. 내 상태를 고치기 위해 항우울제antidepressants 처방을 받고 복용을 권고받았다.

12장
우울증

나는 내가 알고 있던 생생한 색상과 음영 대신
흑백으로 세상을 보았다.
- 캐티 맥개리Katie McGarry, 한계를 뛰어넘어Pushing the Limits

항우울제를 복용하는 것은 지독한 숙취에 시달리는 것 같은 느낌이 들었다. 마치 전날 밤 데킬라 여섯 잔을 마신 뒤 재미있게 술 마신 기억만 뺀 나머지만 지금 남은 것 같았다.

대부분 시간 동안 머리가 가벼워졌다. 입이 바싹바싹 말랐다. 당장이라도 심장이 튀어나올 것 같은 두근거림이 있었다. 공황 발작과 매우 유사했다.

초조함, 메스꺼움, 나른함, 무기력함을 느꼈다. 위협적인 느낌이었다. 그렇지만 나와 타인 사이에 보이지 않는 유리가 있는 것처럼 둔감함과 무감각한 감정이 도움이 되었다.

이로 인해 더는 모든 것을 받아들이지 않고도 불쾌한 환경에 있는 것이 약간 더 쉬워졌다. 그렇지만 벤도 느낄 수 없었다. 얼마 뒤에는 벤과 단절된 익숙함이 꽤 좋게 느껴졌다. 중독처럼 느껴지기 시작했다. 그러나 나는 우울하지 않은 것이 불편해지기 시작했다.

우울증은 매우 서서히 퍼져갔다. 우울과 싸울 능력을 잃을 때까지 천천히 다가왔다. 그리고 게을러졌다. 모든 것이 너무 재미없어서 싸우는 노력을 포기하고 싶었다. 그 친숙한 방식에 빠져들고 싶을 뿐이었다.

내면에 너무 많은 고통이 있었다. 사는 데 너무 많은 노력이 필요해서 계속 죽기를 바랐다. 짐을 짊어진 채 무너지기를 바랐으므로 그만큼 처리할 필요도 없었다.

그렇지만 현실이 나를 강타했다.

좋은 사람들은 멀리서 나를 동정할 수밖에 없었고, 불친절한 사람들은 내가 놔두었기 때문에 계속 나에게 부딪치려 했다. 그리고 나는 둘 다 원하지 않았다.

나는 더는 불쌍히 여김을 받거나 위축되고 싶지 않았다. 드디어 나 자신이 된 순간이었다. 나 자신을 위해 몇 가지 '아니오' 확언 'No' affirmations을 하기로 했다. 나는 들고 일어나서 되찾아야 했다.

"아니오!" 나는 소리쳤다.

"나는 그냥 이렇게 지내는 것을 거부합니다. 상사의 비난처럼 나는 자선단체 수혜 대상자가 아닙니다. 단지 부족한 점은 일을 배울 수 있는 시간입니다. 지금 내가 일하는 포지션에 대한 내 능력, 자질이 부족한 것이 아닙니다." 그리고 그 즉시 내면의 힘이 향상하기 시작했다.

"그러므로 나는 가치가 없지 않습니다. 나는 이곳에서 성공할 수 있는 큰 잠재력을 지니고 있습니다. 나는 상사와 같은 위치에 도달하는 데 필요한 모든 것을 가지고 있으며 상사는 그것에 위협받고 있습니다."

나 자신에게 긍정적으로 말하기 시작했다. 주변에 그를 격려해 줄 사람이 아무도 없어 다윗이 큰 고통을 당했을 때처럼 자신을 격려했다. 성경에 이르기를 다윗의 동족이 슬퍼서 그를 원망하여 돌로 치자고 하였으나 다윗은 그의 하나님 안에서 힘을 얻었다.[10]

나는 일어나 혼잣말을 하기 시작했다. "나는 쇠처럼 탄

---

10) 사무엘상 30:6, 백성들이 자녀들 때문에 마음이 슬퍼서 다윗을 돌로 치자 하니 다윗이 크게 다급하였으나 그의 하나님 여호와를 힘입고 용기를 얻었더라.

력 있고 단단합니다. 내가 아무리 원해도 죽거나 미쳐버리지 않을 것입니다. 하나님께서 그저 저를 버리시려고 여기 먼 곳까지 인도하지 않으셨을 것입니다. 아무 일도 일어나지 않을 것입니다!"

나는 또한 정신과 의사에게 더는 우울증 약물 치료를 받지 않기로 했다. 만약 약을 끊고 나서 직장에서 상황에 대처할 수 없었다면 분명히 잘못된 결정이었을 것이다.

아무도 내 허락 없이 내가 무엇을 계속 느끼도록 할 수는 없다. 내가 있는 곳이 마음에 들지 않으면 다른 곳에 존재할 수 있다는 것을 배웠다. 마야 엔젤로우Maya Angelou가 말했듯이 "일어나는 모든 사건을 통제할 수는 없지만, 그 사건에 의해 위축되지 않기로 결정할 수는 있다."

우울증의 그늘에 있을 때는 멀리 볼 수 없다. 가장 큰 목표가 단순히 하루를 보내는 것일지라도 괜찮다. 중요한 것은 진행을 늦추는 것이 아니라 노력하고 있다는 사실이다. 그 많은 작은 노력들이 결국에는 실질적인 변화를 가져올 것이다.

슬픔에 잠겨 있든 우울증과 싸우고 있든 앞으로 가야 할 길이 멀다는 것을 알기만 하면 된다. 그렇지만 계속 걸어가야 한다.

13장
기도

나 자신을 돕지 못하므로 기도한다. 무기력함으로 인해 기도한다.
잘 때나 깨어 있을 때나 항상 내게 필요하여 기도한다.
기도는 하나님을 바꾸지는 않는다. 기도는 나를 변화시킨다.
- C.S 루이스 C.S Lewis

돌이켜보면 나를 기도 생활로 인도한 것은 어려운 직장 환경이었다. 매일 아침 출근하려고 차에 올랐을 때 내 부족함은 나를 기도하는 곳으로 몰고갔다. 하나님께서 창조물 전체 어디에나 임하신다는 하나님의 편재하심 omnipresence 의 실재를 확신했다. 내가 어디에 있든, 차 안에 있든 (성경 속) 요나 Jonah 와 같이 물고기 뱃속에 있든 기도를 들으실 수 있다.[11]

---

11) 요나서 2:1, 요나가 물고기 뱃속에서 그의 하나님 여호와께 기도하여 이르되

나는 충분히 휴식을 취하고 나서 곧 항공 회사에서 다시 일자리를 찾았다. 이번에는 모든 것이 지난번과 달랐다. 상사, 새로운 작업 환경, 심지어 일까지도 좋았다. 무엇보다 나 자신이 될 수 있었다. 나 자신이 실수를 저지르고 또 장점을 쌓을 여유가 있다는 사실을 즐겼다. 남편의 그늘에서 벗어나 살 수 있었다. 더 친절하든 가혹하든 벤과 관련이 있다는 이유만으로 누구도 나를 다르게 대하지 않았다.

아마도 직장 상사는 배우려는 열정이 있는데도 내가 자신감이 부족하다는 것을 자주 느꼈을 것이다. 어느 날 그는 나를 불러 "일에 대한 열정을 갖고 배우려는 의지가 있다면 배움에는 끝이 없어요. 우리는 모두 함께 배울 수 있어요. 시간을 갖고 그 과정을 즐기세요. 5년 뒤에는 당신 부서를 운영할 만큼 충분히 배울 거예요."라고 말했다.

5년이라고? 사실 나는 일을 시작하는 날부터 모든 것 또는 그 이상을 알아야 할 것이라고 생각했다. 결국 그렇게 험난하게 시작한 것이 좋았다. 내가 일을 더 잘하게 되었을 때 어려웠던 모든 것이 곧 보람 있는 경험이 되었다. 더 많이 배울수록 당연하게 여기는 것이 줄었다.

쓴 물

(성경 속) 과부 나오미Naomi처럼 단 물이 쓴 물이 되었다. 룻기Ruth 1장 20절에서 그녀는 사람들에게 "나를 나오미라고 부르지 말고 나를 마라Mara라 부르라. 이는 전능자가 나를 심히 괴롭게bitter 하셨음이라." 나오미와 같은 방식으로 쓴 맛을 유지하거나 내 물을 다시 달콤하게 만드실 전능자를 믿는 선택을 할 수 있었다.

과거의 끈에 묶인 채로 남아 있기로 선택하면 완전히 자유로이 앞으로 나아갈 수 없다는 것을 깨달았다. 내 안에 있는 과거의 불의와 죄의 짐을 여전히 짊어지고자 한다면 결코 멀리 갈 수 없었다.

그래서 어느 날 아침에 몇 사람의 이름을 떠올리며 이런 저런 용서를 해달라고 큰소리로 기도하기 시작했다. 그러나 여전히 똑같이 느껴졌으므로 내가 정말 용서했다고 완전히 확신하지 못했다. 더는 용서하지 않는 것의 무게를 짊어지고 싶지 않아 내린 이성적인 결정이었다.

그리고 하나님께서 "지금 그들을 위해 기도하고 그들을 축복하라."라고 말씀하시는 것처럼 내 마음이 이끌리는 것을 느꼈다. 내가 시도했을 때 조금 애를 썼다. 대상에 대한 미움이 강할수록 그들을 축복하는 데 대한 저항이 더 크다는 것을 알게 되었다. 그러나 과거에 쓴 맛을 내게 주었던 사람들을 축복하기 시작하자 즉시 오랫동안 느끼지 못했던 해방과 평안을 느끼기 시작했다.

다른 사람을 용서하는 것이 정말 나 자신을 위한 것임을 깨달았다. 내 영혼은 다시 한번 건강하게 회복되었다. 내가 100% 옳을 수 있으나 허물을 붙잡고 있는 것은 기쁨과 힘을 빼앗을 뿐임을 배웠다. 갑자기 다른 사람들을 축복하고 놓아주기로 선택한 것이 자신의 보호와 이익을 위한 것임을 그냥 이해할 수 있었다.

그때 하나님께서 "이제 기도하여 그들의 구원을 청하라."라고 말씀하시는 것을 들었다.

이번에는 더 강한 저항을 느꼈다. 문제는 그들에게 그 일이 일어나기를 원하지 않았다는 것이다. 하나님을 설득하기 시작했다. "계속해서 우리를 해칠 수 있는 사람들이 그곳에 있다면 천국이 어떻게 행복한 곳이 될 수 있는지 이해할 수 없습니다."

그리고 내가 있는 공간에서 하나님의 침묵을 느꼈다. 방에 불이 꺼진 것처럼 나는 다시 어둠 속에 있었다.

항복

한참을 버텼으나 결국 무너졌다. 내가 하나님께 한 명씩 이름을 풀어 놓기 시작하자 영적 시력spiritual sight이 다시 회복되었다.

그분 사랑의 빛 안에서 그들 모두에 대한 나 자신의 미성숙함을 확신하게 되었다. 하나님께서 그들의 관점에서 사물을 볼 수 있게 하셨을 때 연민compassion을 느끼기 시작했다. 하나님께 대한 내 죄를 회개하면서 하나님께 용서해달라고 간구하기 시작했다.

나는 영감을 받은 대로 하나님께서 각자의 영혼을 구원해 주시기를 기도하며 간구했다. 이번에는 깨끗한 마음과 순박한 어린아이 같은 믿음으로 간구했다. 더는 아무것도 묻지 않고 단순히 순종하고 조용히 신뢰하며 눈이 아니라 마음으로 좋은 것을 보려고 했다.

모든 것을 이해할 필요가 없는데도 여전히 하나님을 신

뢰할 수 있다는 것을 배웠다. 기도한 뒤에 특별한 일이 없었지만 마음에 위안이 되는 평안을 느꼈다. 하나님께서 물 위에 거하고 모든 것이 좋아질 것 같았다.

그리고 몇 주 뒤, 벤의 아버지에게 전화를 걸라는 이상한 속삭임을 느끼기 시작했다. 벤이 세상을 떠난 뒤 우리가 마지막으로 만나거나 이야기를 나눈 지 적어도 4년이 지났다. 그는 매우 과묵한 사람이었다. 말수가 적었지만 모든 사람은 그가 가장 진실하고 개인적인 방식으로 가족 구성원 한 명 한 명을 돌보고 있다는 것을 알고 있었다. 말로는 표현하지 못하더라도 행동으로 조용히 사랑과 연민을 나타내곤 했다.

나는 그가 더 건강하고 여전히 활동이 많던 옛 시절을 기억한다. 그는 가족을 위해 아침 식사와 식료품을 사곤 했다. 우리가 휴가 때 말라카에 갈 때마다 집으로 오시는 길에 사주시도록 부탁하지 않았는데도 내가 좋아하는 탕훈 tang-hoon(당면) 어묵탕을 주시려고 따로 들르곤 하셨다.

시아버지가 내가 좋아하는 것을 해주려 한다는 것을 알았으므로 잠에서 깨어 식탁에 놓인 국수 봉지를 볼 때마다 항상 감동을 받았다. 그가 하는 행동을 보면 머릿속에서 나를 생각하고 있다는 것을 확신할 수 있었다. 특히 주말에는 노점 판매대 근처에 주차하는 것은 늘 어려웠다. 나조차 겪지 않으려 할 불편함이 떠올랐다. 그뿐만 아니라 그는 내가 고추가 들어가지 않은 음식을 더 좋아한다고 알고 있었으므로 그것을 빼라고 주문했다. 그가 우리에게 감정을 표현한 적이 없었지만 나는 그에게 관심을 받고 있으며 받아들여지고 있다는 느낌을 받았다.

평소의 인사와 정중한 예의를 빼고 우리는 거의 대화를 나누지 않았다. 내가 그들 가족이 된 날부터 늘 그랬다. 이제 내가 그에게 전화를 하면 뭐라고 할까? 벤이 아팠던 그 시기에 우리 사이에는 참 많은 일이 있었다. 나는 꽤 오랫동안 그 감정과 싸웠다.

나는 벤을 생각하며 내가 전화를 걸면 그가 얼마나 기뻐할지 생각했다. 설날이 가까웠기 때문에 적어도 처음 1분 정도는 몇 줄의 인사말이 있을 것이다. 그리고 아마도 그것이 우리에게 필요한 전부일 것이다.

나는 길게 심호흡을 하고 그의 번호를 누르기 시작했다. 전화로 그의 목소리가 들리자 나는 계획한 대로 가벼운 마음으로 인사를 진행했다.

거기까지는 괜찮았다.

그러나 그가 다음에 한 말은 전혀 예상치 못한 것이었다. 그는 "잘 지내고 있니? 언제 집에 돌아오니?"

아들이 죽고 나서 그의 집에서 여전히 나를 보고 싶어 할 것이라는 생각을 못 했으므로 순간적으로 놀랐다. 손자들을 많이 그리워할 것으로 예상했지만 그는 손자들에 관한 것이 아니라 나에 대해 물었다.

어색한 침묵 끝에 나는 손자들과 함께 방문하겠다고 약속했다. 전화를 끊으며 한동안 기분이 이상했다. 마음의 무거움이 사라지고 가벼워졌다.

이번에 벤의 어머니에게 전화할 용기를 내기까지 2년이 더 흘렀다. 우리가 서로 만나거나 이야기를 나눈 지 6년이 조금 넘었다. 벤이 사망한 마지막 날, 병원에 있었던 날을 생생하게 기억한다.

잠시 긴장된 침묵 끝에 우리 사이의 차가움이 깨졌다. 그날 오후 전화로 한 짧은 통화에서 나는 우리가 서로 화해할 기회를 갖게 되어 기뻤다. 그녀도 최근 몇 년 동안 예수님을 구주로 영접했다는 사실을 알게 되어 기뻤다.

내가 기꺼이 놓아버리고 하나님이 인도하시도록 했을

때 내가 했던 것과 같은 일들을 더는 두려워하지 않는다는 것을 깨달았다. 자신의 교만을 깨닫고 회개하기 위한 조치를 취했을 때, 나는 다시 하나님과 올바른 관계를 맺었다. 용서하고forgive, 풀어주고release, 놓아버릴let go 때, 내 마음은 다시 한번 다른 사람을 사랑하고 축하할 수 있는 자유를 얻게 된다.

용서

내가 깨달은 것처럼 용서는 슬픔과 같이 일종의 여정journey이다. 매일 해야 하는 일치되고 의식적인 노력이라는 점에서 여행이다. 전날 밤 나는 누군가를 용서하기로 선택하고 잠을 잔다. 아침에 일어나 여전히 같은 상처를 느끼므로 다시 용서를 위해 의식적 선택conscious choice을 해야 한다.

랜덜 월리Randall Worley가 말했듯 "용서는 감정emotion이 아니라 결정decision이다." 그것은 얼마나 많은 지식을 가지고 있는지와는 관련이 없다. 인생은 기꺼이 용서하려는 의지에 정비례하여 확장하거나 축소된다.

우리가 용서할 때 정의justice를 관장하는 권리를 하나님께 돌려드리게 된다. 할 수 있지만 누군가를 해칠 권리를 포기relinquish한다. 사실상 "용서란 나를 다치게 한 행위에 대해 당신을 다치게 할 권리를 포기한다는 뜻이다."라고 말하는 것을 전에도 들은 적이 있다.

용서는 우리 기억 속에서 과거에 사로잡힌 포로prisoners에서 평화롭게 해방된 사람들liberated people at peace로 변화되는 창조적인 행위이다. 그것은 건망증forgetfulness과는 다르다. 그것은 진정으로 우리 삶에 더 나은 것들이 들어오도록 내맡기는surrender 행위이다. 가볍게 여행할 때 우리는 최고의 인생을 살게 된다.

14장
변화는 결코 쉽지 않다

변화는 결코 쉽지 않다,
붙잡기 위해 애쓰고 놓아주기 위해 애쓴다.
- 마레즈 레예스Mareez Reyes

아주 사랑스러운 아침에 잠에서 깼지만 무언가 빠진 것 같은 느낌을 받은 적이 있는가?

새로 만든 아름다운 연을 막 하늘로 날려보냈다고 상상해보라. 그렇지만 눈부시게 탁 트인 하늘로 날아오르는 연의 높이는 별로 높지 않다. 그것은 마음에 편안한 생각이 드는 높이 이상으로 줄을 더 많이 놓을 수 없기 때문이다. 바람을 맞을 때마다 연은 점점 더 높이 날아오를 것이다.

자유의 스릴과 흥분이 시작되겠지만 요동치는 불안도 시작된다. 그래서 당신은 줄을 잡아당기고 다시 감아서 짧게 유지한다.

마릴린 퍼거슨Marilyn Ferguson이 말했듯이, "우리가 변화를 두려워하거나 옛 방식을 사랑하는 것이 아니라, 우리가 두려워하는 것은 바로 그 사이(변화와 옛 방식)의 장소이다. 그것은 공중그네 사이와 같다. (만화 스누피에서) 담요가 건조기에 있을 때 (안절부절 못하는) 라이너스와 같다. 붙잡을 것이 없다." 아마도 멘켄H. L. Menken이 1956년 저서 『마이너리티 리포트Minority Report』에서 "대부분 사람은 이 세상에서 자유liberty가 아니라 안전security을 원한다."라고 관찰한 내용이 사실일 것이다.

지금은 자유롭게 결정을 내릴 수 있지만 여전히 대부분 결정은 내가 정말 원하는 것보다는 벤이 허락했을 것이라고 믿는 것을 기준으로 했다. 그저 그렇게 하는 것이 더 안전하다고 느꼈기 때문이다.

나의 단독 여행

벤이 화학 요법을 받을 때 그가 나으면 함께 유럽에 가자고 계획을 세웠다. 항암 치료 막바지를 향해갈 때 그는 "내가 갈 수 없게 되면, 자기라도 가."라고 말했다.

그리고 나는 "하지만… 하지만, 당신 없이 내가 어떻게 갈 수 있어?"라고 물었다. 그는 내 눈을 바라보며 대답했다. "왜 안 돼?"

그날 오후 병실에서 그가 한 말이 여러 번 생각났다. 그 말은 이후 몇 년간 내 한계를 뛰어넘도록 나에게 도전했다. 나를 위한 모든 계획을 그에게 너무 의존하고 있었기에 그가 없는 삶을 상상하는 것조차 너무 두려웠다. 그러나 그의 부재는 현실이 되었다.

낸시 스테판Nancy Stephan은 "원하지 않지만 받아들여야 하는 일, 알고 싶지 않지만 배워야 하는 일, 그 사람 없이 살 수 없지만 놓아주어야 하는 이들이 있다."라고 말했다.

벤이 세상을 떠난 지 3년 반이 지난 뒤, 용기를 내지 못할 것이라고 생각했던 일에 도전하고 가보지 못할 것이라고 여겼던 장소로 여행하기로 했다. 그것도 나 홀로.

본질에서 내면의 비평가를 잠재워 스스로 삶을 살아갈 수 있음을 증명하고 싶었고 훨씬 더 다양한 존재가 되고 싶었다. 그렇게 비행기표를 끊었고, 유럽에서의 모험은 2011년 여름에 시작되었다.

나는 상황이 어떻게 될지 확신이 없었다. 열심히 체험하고 싶은 여행 일정도 없었다. 말도 안 되는 소리처럼 들리겠지만, 자신을 위해 그저 해야 할 일이라는 것은 알았다. 나에 대한 다른 사람들의 의견은 별로 중요하지 않았고, 거기에서 자유로움을 발견했다. 내 내면이 죽었다고 느꼈으므로 죽는 것이나 다른 어떤 것에 대해 정말 거의 신경을 쓰지 않았다. 그리고 어쩌면 그런 이유로 다시 사는 법을 배워야 했으므로 이 일을 하고 있던 것일지도 모른다.

여러 나라를 여행했다. 여행 내내 여러 도시, 마을과 지역을 돌아다녔다. 사는 동안 만난 사람보다 더 많은 사람을 만났다. 친구들이 있는 곳에서는 너그러운 환대를 받을 수 있었다. 아는 사람이 없는 곳에서는 현지 관광 프로그램을 활용했고 그 와중에 새로운 사람들을 사귀었다.

한 번도 가본 적 없는 곳으로 비행기, 기차, 버스를 혼자 탔다. 집에서 예상했던 것보다 현지에서 경험한 더 친절한 모습들에 놀랐다. 그 시기에 가장 가슴이 따뜻했던 만남은 아는 사람들이 아니라 전혀 모르는 이들과의 우연한 만남이었던 것으로 기억한다.

다음 한 가지는 사실이다. 두려워하는 한 우리에게 얼마나 많은 용기가 있는지 결코 알 수 없다. 그리고 용기는 자신보다 훨씬 더 큰 무언가를 포용하고, 가까이서 보고 직면한 두려움이 자신이 믿는 것만큼 크거나 강력하지 않다는 것을 발견하는 그런 능력이다.

『다윗과 골리앗: 거인을 이기는 기술David and Goliath: Underdogs, Misfits, and the Art of Battle Giants』에서 말콤 글래드웰Malcolm Gladwell은 이렇게 썼다. "산등성이가 높은 곳에서 이스라엘 백성들이 본 것은 위협적인 거인이었다. 그러나 사실, 거인의 큰 키가 그의 가장 큰 약점이기도 했다. 모든 종류의 거인과의 전투에는 중요한 교훈이 있다. 힘 세고 강한 것이 항상 눈에 보이는 것과 같지는 않다는 점이다."

버스 정류장

사우스엔드 지역Southend의 추운 아침이었고 나는 그날 런던에 갈 예정이었다. 버스 정류장에는 이미 노인 남자분이 서 있었다. 우리는 미소와 인사를 나눴다. 그는 곧 내가 어디로 가는지 물었다. 예의를 차린 잡담을 주고받은 뒤, 나는 그에게 되물었다.

그의 아내가 2년 전에 세상을 떠났고, 이후 줄곧 그가 2시간 걸리는 부부의 예쁜 시골 작은 집을 방문했다는 것을 알게 되었다. 그는 2주 동안 그곳에 머물면서 그림을 그리며 시간을 보냈다. 그는 또 자신이 작업하고 있는 미완성 작품을 보여주기도 했다.

그가 머물고 있는 작은 집의 울창한 자연 풍경을 배경으로 한 아름다운 유화 풍경화였다. 자녀가 없어서 그림이 상실과 외로움에 대처하는 데 도움이 되었다고 말했다. 우리 둘 다 그 그림을 응시하면서 우리 사이에는 침묵의 연결이 있었다. 아마 공감이었을 것이다.

그에게 3년전 벤이 세상 떠난 이야기를 했고 여전히 그를 그리워하고 있다고 말했다. 둘 다 같은 고통에 머무는 듯한 모습이 그의 눈에 비춰 보였다.

곧 그의 버스가 도착했다. 버스 창에서 내게 손을 흔들던 그 모습을 결코 잊지 못한다. 그는 매우 다정했지만 동시에 슬프고 외로웠다.

헨리 워즈워스 롱펠로우Henry Wadsworth Longfellow는 "밤 중에 지나치는 배들은 오가며 말을 건네고, 그저 신호를 보고 어둠 속 멀리 목소리를 듣는다. 그리고 삶의 바다에서 우리는 서로 스쳐 지나며 말한다. 그저 시선과 목소리를 나누고, 또 다시 어둠과 침묵이 온다."라고 썼다.

우리가 마주하는 순간은 항상 지금일 뿐이다. 그것이 지나면 모든 만남은 다시 한번 거대한 삶의 바다 광활함 속으로 사라진다. 그리고 그 특별한 순간에 다른 외로운 영혼에게 아무 의미가 없거나, 어쩌면 모든 것을 의미할 수 있는 미소, 친절한 말을 나눴다는 사실에 늘 기쁠 것이다.

바다와 대륙을 가로질러 홀로 몇 달을 보낸 뒤 매우 중요한 것을 배웠다. 스위스의 웅장한 알프스 정상에 서 있든, 이탈리아의 낭만에 취하든, 프랑스의 포도밭을 즐기든, 가는 곳마다 고통이 따라다닌다는 것을 알게 되었다. 지구 반대편에 있든 집에 있든 마찬가지였다. 그저 벤에 대한 생각을 멈출 수 없었다.

활짝 열린 길의 모습과 수평선에서 나를 손짓하는 변화하는 풍경이 좋았지만 자신의 고통에서 벗어날 수 없었다. 숨이 멎을 듯 아름다운 풍경 속에서 모든 것을 내다보고 있는 그 순간에도 그의 부재는 모든 것을 단숨에 날려버리는 힘이 있었다. 슬픔 속에서 집에서 수천 마일 떨어진 곳에서 홀로 아름다운 일출, 멋진 일몰을 보는 것보다 더 외로운 것은 없었다.

아홉 번째 국가를 거친 뒤 집으로 간다는 사실에 흥분했고 홀로 경험한 전체 모험에서 가장 좋은 것이 무엇인지 발견했다. 아이들을 다시 본다는 위안을 빼면 몇 달 동안 집을 비우고 나서 내 침대에 있는 것이 가장 좋다는 것을 알게 되었다. 그것은 떠나지 않았다면 결코 매력적이지 않았을 가치였다.

15장
외로움

> 우리의 언어는 외로움의 양면성을 현명하게 감지했다.
> 혼자 있는 아픔을 표현하기 위해 '외로움loneliness'이라는 단어를
> 만들어냈다. 그리고 혼자 있는 영광을 표현하기 위해
> '고독solitude'이라는 단어를 만들어냈다.
> – 폴 요하네스 틸리히Paul Johannes Tillich

어느 날 나는 창가를 울적하게 두들기는 빗방울을 바라보며 혼자 앉아 있었다. 한때 사랑했던 비 냄새와 소리는 저항하고 싶지도 머물고 싶지도 않은 고통을 불러일으켰다. 소나기가 내린 뒤 온 땅은 너무 깨끗하고 상쾌하게 느껴졌다. 어제의 괴로움이 모두 씻겨 나가고 모든 것이 다시 새롭게 된 것 같았다. 나는 폐로 새로운 공기를 들이마셨다. 작고 눈부신 다이아몬드 방울이 전나무 바늘 위에 맺혀 반짝이

는 것을 올려다보았다. 그것은 너무나 눈부시게 빛났다. 그렇지만 그때 또다시 날카로운 외로움이 나를 휘감았다.

사회 생활

지금까지 한껏 내 것이라고 불렀던 가족 관계와 친구들은 사실 벤의 가족 관계와 친구였다. 지금에서야 그것이 같은 것이 아니라는 것을 깨달았다.

그가 죽은 뒤 내게 온 모든 초대를 두려워했던 것을 기억한다. 일부는 피할 수 있었지만 일부는 피할 수 없었다. 그 없이 참석해야 했던 모든 행사, 모임은 예상보다 힘들었다. 내향적으로 변하게 되면서 다른 사람들이 나를 정확하게 이해하는 것이 더욱 어려워졌다. 낯선 저녁 식사 장소로 차를 몰고 가거나 그 없이 사람들로 가득 찬 방으로 걸어 들어가야 한다는 생각은 내가 기억하는 것보다 더 많이 나를 갑작스러운 공황 발작에 빠뜨렸다. 내가 가장 바라던 시간은 모임이 끝날 때였다.

홀로 지내기

홀로 지내는 것being alone과 외로운 것being lonely 중에서 나를 더 괴롭히는 것이 무엇인지 확신할 수 없었다. 혼자 있을 때는 극도로 외로울 때가 많았다. 외로웠지만 행복한 사람들이 모이는 모임에 초대받는 것이 두려웠다. 다른 사람들을 위해 모임을 망치지 않도록 '섞여blend in' 들려고 더 열심히 노력해야 한다는 느낌을 좋아하지 않았다. 그러나 그렇게 하지 않으면 사회적 부적응자 또는 흥을 깨는 사람처럼 느끼게 되었다.

가족, 친구들은 내가 말하자마자 거의 즉시 '혼자 지낼 수' 있도록 해주었다. 그들은 "그렇지만 적어도 너는 아직 자녀가 있어. 게다가 두 명이야."라는 점을 상기시켜 주었다.

잦은 기억상실 증세에도 자녀 수를 세는 것은 가능하다고 매우 확신하지만 '적어도'라는 단어가 나올 때마다 위축되는 느낌을 받을 수밖에 없었다. 대부분 주변 사람은 왜 자녀가 배우자를 대신할 수 있고 삶이 이전처럼 '정상'으로 돌아갈 것이라고 자연스럽게 가정할까?

아이들은 우리가 책임져야 할 소중한 선물이다. 어떤 아이들은 다른 애보다 더 성숙하고 사랑스럽다. 그들은 당신의 삶과 일을 편하게 만든다. 반면에 어떤 아이들은 그저 더 많은 사랑과 관심과 기도가 필요하다. 어느 쪽이든 그들이 우리를 필요로 할 때 그들 곁에 있어야 한다. 이게 전부다.

그러나 아이들은 우리의 반려자가 아니다. 배우자 또는 배우자가 아닌 다른 성인과 친밀한 열망을 품거나 연인 관계를 맺는 것을 아이들에게 기대할 수는 없다.

슬픔의 그림자는 언제 끝나는가?

나는 언제 다시 기분이 나아지기 시작할지 알고 싶어 몇 년 동안 인터넷을 검색했다. 방문한 일부 의료 웹사이트는 6개월 정도라고 설명했고 다른 곳은 최대 2년이라고 설명했다. 2년이 지났지만 처음 6개월보다 조금도 나아지지 않자 그때부터 내 생각은 점점 더 침울해지기만 했다.

늘 따라다니는 우울함에서 헤어나지 못하는 것 같았다. 하나님께 드리는 모든 기도는 내 존재의 얕은 껍질 아래에서 길을 찾은 듯한 친숙한 대사들로 채워진 이야기가 된 것 같았다. 마치 끈질기게 안절부절 못하는 아이처럼 어머니의 옷자락을 잡아당기며 항상 "언제 벤을 만나게 될까요? 얼마나 더 시간이 걸릴까요? 우리는 가까이 있나요? 우리는 아직 가까워지지 않았나요?"

새들이 지저귀던 날들이 있었다. 공기 중에 퍼진 커피 냄새와 향으로 공기는 시원하고 상쾌했다. 꽃은 눈부시게 아름다웠고 방금 천국에 들어선 줄 알았다. 모든 것이 제자리에 있었다. 아픈 아이들은 없었다. 행복한 주부는 노래하는 새처럼 재잘거렸다. 머릿속으로 어떤 노래의 선율이 떠올랐다. '모든 것이 아름답다…. 그 나름대로.'

그런 다음 슬픔의 물결이 나를 덮쳤다. 아무 곳에서도 오지 않을 것 같았던 예상치 못한 생각에 너무 당황했다. '좋아. 이제 나는 자살할 수 있어.'

가장 완벽하고 모든 것이 제자리에 있는 것처럼 보이는 날에도 깊은 공허감은 매우 참을 수 없을 정도였다. 이 겉모습 뒤에는 매우 위축된 것과 활기차고 열정적인 회복력이 모두 있었다. 나는 변화를 갈망했지만 어두운 방에서 문을 찾을 수 없었다.

16장
빛의 근원

빛이 어두움에 비치되 어두움이 깨닫지 못하더라.
(하나님은 빛이시다. 그의 안에서 어두움은 전혀 없다.)
- 요한복음 1:5

집에서 가까운 교회에서 새로 사귄 친구들이 그들의 교회 캠프에 나를 초대했다. 캠프 둘째 날 예배 시간에 계속 같은 그림이 마음에 떠올랐다. 그것이 '환영vision'이라고 알려진 것임을 나중에 알았다. 하나님은 창조의 날에 하신 것과 마찬가지로 오늘날에도 사람들에게 자신의 방향을 전하기 위해 여러 가지 방법을 사용하실 수 있다.

조용히 기도하는 마음으로 집중하여 눈을 감았을 때 마음의 눈에 이미지가 열리기 시작했다. 이 거대하고 단단한 쉼터 같은 참나무 아래 벤치에 앉아 있는 자신을 보았다. 나를 둘러싼 광채와 빛을 보았기에 좋은 사진임에 틀림없다는 것을 알았다. 내 바로 앞에 지평선 위로 뻗어 있는 푸르고 광활한 들판을 보았다. 그 들판이 내 일이나 향후 삶의 과제를 대표한다는 것을 알고 기묘한 감각을 느꼈다. 빛이 너무 밝아서 거의 눈이 부실 정도였으므로 들판에 무엇이 있는지, 그 안의 세부 사항을 볼 수 없었다. 아름다운 그림이었지만 내가 그것을 느끼기에는 쓸쓸함이 있었다.

절망과 분노에서 비롯된 가장 서투른 말투와 뻔뻔한 방법으로 하나님께 묻기 시작했다. "하나님, 당신은 어디에 있나요? 필요한 것이 무엇인지 정말 아시나요?" 나는 기다렸지만 침묵만이 느껴졌다.

그가 정말 모를 수 있음을 잠시 깨달았다. 어쨌든 내 인생에서 남성의 존재가 익숙했는데 그들은 여성 감정의 섬세한 복잡성에 관해 아무것도 몰랐다.

그래서 나는 그것을 대놓고 드러냈다. "안아주세요, 하나님! 저를 안아주실 수 있나요, 하나님?"

방금 마음속으로 부탁한 일에 깊은 절망감을 느꼈다. 영이신 하나님이 어떻게 나를 안아주실 수 있어? 도대체 내가 무슨 생각을 한 걸까? (아니면 생각이 없나?) 이렇게 터무니없는 생각이라니.

그때 확성기에서 기도받고 싶은 분들은 앞으로 나오라는 얘기를 들었다. 삶의 변화에 신이 개입하길 원하는 절박함이 그날 나를 제단 앞으로 이끌었다.

기도할 차례를 위해 줄을 서서 기다리는 매 순간 머릿속에서 돌아가라는 음성이 들렸다. "자리로 돌아가. 무의미해."라고 말했다. 마침내 내 차례가 되었다.

기도 리더들이 "우리가 당신을 위해 무엇을 기도하길 원하십니까?"라고 물었다. 나는 몇 초 동안 멈추고 혼자 생각했다. 아주 좋아. 그들에게 하나님의 포옹을 원한다고 도저히 말할 수 없었다. 그들은 뭐라고 생각할까?

나는 내 자리로 돌아가야 한다는 처음 생각을 억누르느라 너무 정신이 팔려 있었기 때문에, 그것을 알려야 하는 그 순간까지 내 기도 요청이 실제로 어떻게 들릴지 몰랐다.

기도 리더들이 기다리는 동안 좀 더 평범하게 들릴 다른 기도 요청을 재빨리 생각했다. 그래서 그들에게 내가 일주일 전에 UN에 자발적 법률 보조원으로 지원했다고 말하고 나를 위해 기도해줄 수 있는지 물었다. 그런 다음 눈을 감았다.

리더 가운데 한 명이 그 일이 나에게 맞도록 평안을 얻는 기도를 시작하는 것을 들었다. 그리고 그녀는 기도를 멈췄다.

  나는 생각했다. 좋아, 정말 짧은 기도였어. 식사 전에 하고 싶은 바로 그런 종류의 기도였다. 그녀의 기도를 마치는 신호를 기다렸지만 잠시 멈춘 후 그녀는 계속 말했다. "저는 하나님 아버지께서 당신을 안아 주길 원한다고 느껴요."

  그 말에 나는 벼락맞은 것처럼 떨렸다. 분명히 아무 기대를 하지 않았다. 그리고 그녀가 손을 내밀어 팔로 나를 감싸자, 나는 따뜻한 몸에 안긴 어린아이처럼 울기 시작했다.

  나는 신과 종교에 대한 생각에서 단절이 너무 늘어나 더는 내가 진정으로 믿는 것이 무엇인지 알 수 없었다. 루이스Lewis는 관찰된 슬픔a grief observed에서 "종교가 주는 위안에 대해 말하지 마라. 그렇지 않으면 (슬픔을) 이해하지 못하는 것으로 의심할 수 있다."라고 썼다. 그는 신실한 성직자요 믿음의 사람이었다. 그러나 슬픔은 가장 강력한 남녀도 넘어뜨리는 강력한 힘이다.

  조금 전 내 마음에서 표현된 소리 없는 외침을 제외하고는 다른 영혼에게 포옹이 필요하다고 말로 표현한 적이 없었다. 그리고 그 기도는 또한 거칠고 도전적이며 무례한 방식이었다. 그러나 분명히 하나님은 많은 사람이 그분을 묘사하는 것보다 훨씬 더 자비로우시다. 하나님은 종교가 아니라 삼위일체 하나님이시다. 그분은 우리가 그분께 부르짖을 때 들으실 수 있다. 그리고 화를 내고 고함을 지르고 발길질을 하여도 진실의 자리에 기꺼이 나아오는 사람에게 그분의 사랑을 나타내실 수 있다.

자리로 돌아오면서 큰 평안과 위안을 느꼈다. 눈을 감았을 때, 멋진 쉼터 나무 아래 벤치에 앉아 있던 내 모습이 다시 마음에 떠올랐다.

그렇지만 이번에는 내가 앉아 있는 양쪽에서 정신적인 그림을 보라는 속삭임을 느꼈다. 매번 같은 각도에서만 보기로 선택했기 때문에 마음의 주변 시야는 항상 제한적이었다.

반대쪽으로 고개를 돌리자 벤치에 나와 함께 있는 누군가가 보였다. 그분을 바라보는 내 눈에는 눈물이 고였다. "주님!" 나는 외쳤다. "그동안 나와 함께 줄곧 여기 계셨나요?"[12]

단순한 마음의 그림에서 줄곧 전체 그림을 보지 못하게

---

[12] 시편 16:8, 내가 하나님을 항상 내 앞에 모심이여. 그가 나의 오른쪽에 계시므로 내가 흔들리지 아니하리로다.

한 것이 자신의 완고함 때문임을 알았다. 삶의 상황을 다른 각도에서 기꺼이 바라볼 수만 있다면, 다른 관점으로 살아갈 수 있을 것이다. 즉 나는 진정으로 혼자가 된 적이 없었다.

17장
어색한 나이

나는 양손에 포수 글러브를 끼고 살아서는 안 된다는 것을 배웠다.
왜냐하면 무언가를 다시 던질 수 있어야 한다.
- 마야 안젤루Maya Angelou

열세 살이 되기 전까지 나는 열두 살이 어색한 나이라고 생각하곤 했다. 그리고 그 뒤로 전혀 다른 느낌이 들지 않았다.

39세 미망인은 건강하고 평범한 여성으로서 여전히 로맨스를 갈망했고 성적 충동과 욕망을 가지고 있고 가장 중요한 점은 주목받고 존경받고 사랑받을 필요가 있다는 것을 의미했다. 삶 자체보다 더 사랑했던 배우자와 함께 경험하면 좋겠지만 아쉽게도 인생 계획은 항상 우리가 원하는 대로만 되는 것이 아니다.

어느 날 오후 두 아들과 함께 연례 치과 검진을 받으러 갔을 때 치과 의사를 아주 가까이 보게 되었다. 그는 늘 그렇듯 흰색 가운, 수술용 반안면 마스크, 흰색 라텍스 장갑을 착용하고 있었다. 40대 초반의 중간 체구였다. 안경을 썼지만 귀여웠다. 그 뒤에는 한 쌍의 웃는 눈이 있었다.

안심하며 치과 의자에 비스듬히 기대어 있는 동안, 그가 충치의 가려진 부분을 검사하기 위해 내 얼굴에 좀 더 가까이 몸을 굽힐 때 나는 순간적으로 아드레날린이 솟구치는 것을 느꼈다. 그의 손에서 날카로운 드릴 소리도 들렸다. 바로 위 눈부신 빛 때문에 그의 얼굴을 볼 수는 없었지만 상냥하게 달래는 목소리로 부드럽게 말하는 사람이라는 것을 알아차렸다.

그의 손이 내 얼굴에 닿는 것을 느낄 수 있었다. 누군가 내 얼굴을 만진 지 너무 오래 되어서 강하고 불쾌한 라텍스 냄새가 약간 났지만 오히려 기분이 좋았다. 그는 나를 편안하게 해주는 차분하고 자신감 넘치는 평정한 모습이었다.

모든 작업이 끝나고 나는 의자에서 일어났다. 그리고 문에 막 다가갔을 때 그는 나에게 "네, 그럼 다음에 또 보시죠 - (잠시 멈춘 뒤) 내년 이맘 때요!"라며 말했다.

그를 향해 고개를 돌렸고 멀리서 시선이 마주쳤다. 내 손은 이미 손잡이를 잡고 있었고 이제 막 나갈 준비가 되어 있었다. 그에게 정중하게 고개를 끄덕였고 치과 의사가 좋아할 만한 미소를 지었다. 조금 너무 열광해서 한쪽 어깨를 위로 올리고 고개를 약간 기울인 채 "좋아요, 기다릴 수가 없네요!"라고 대답했다.

내가 유혹하고 있다는 것을 알아챘을 때 기분이 너무 이상했다. 나는 고개를 저었지만 방금 내 마음의 놀이터에서 일어난 일이 어리석게 느껴져 실소를 머금었다. 잠깐 그의 아내가 누구이든 그 여자가 부러웠다. 매일 저녁이 끝날 때마다 그가 사랑스러운 아내와 행복한 아이들이 함께 환대하는 집으로 돌아가는 모습을 상상했다. 내가 한때 알고 있던 그런 모습과 같았다. 잠시나마 내가 다시 돌아갈 수 있는 사람이 있었으면 좋겠다고 생각했다.

벤이 세상을 떠난 뒤, 나는 한때 친숙했던 모든 것에 대해 새로운 의미를 재창조하고 재정의해야 했다. 낮과 밤, 주말과 평일? 그런 것들이 나와 무슨 상관이 있지? 그것들은 내게 빠르게 스쳐 지나가는 음이 소거된 중요하지 않은 몇 초, 몇 분의 시간일 뿐이었다.

18장
데이트하기

눈물 흘리는 미망인은 우리 기대에 부합한다.
(그러나) 춤추고 데이트하는 미망인은 그렇지 않다.
- 셰릴 샌드버그Sheryl Sandberg, 옵션 BOption B

배우자가 사망하더라도 불행하게도 미망인의 생물학적 니즈는 사라지지 않는다. 그러나 살아 있는 배우자가 그런 니즈를 가지지 않는 것이 좀 더 고귀한 것처럼 보일 것이라는 죄책감guilt이 이러한 니즈의 배후에 있다.

나는 하나님께 화를 냈던 기억이 난다. 하나님께 죄를 짓고 싶지 않았기 때문에 내 안에 있는 모든 성적 욕망을 제거해 달라고 하나님께 계속 기도하고 간구했다. 그러나 나는 그것을 기도로 없앨 수 없었다. 더 많이 기도하고 저항

할수록 유혹이 더 커진 것 같았다.

세상은 우리에게 좋은 느낌이 좋은 것이라고 확신시킨다. 고통 속에 있을 때 우리는 흔히 적합치 않은 곳에서 위로를 구할 수 있는 세상 속으로 탈출할 방법을 찾는다. 외설적인 이미지와 완전히 노골적인 성적 매체들은 우리가 찾지 않더라도 구석구석에서 우리를 공격한다. 일 분 동안 그것을 즐기면 그것은 우리 내부의 무언가를 더럽히고 더 큰 고립과 좌절의 구멍을 만든다.

그러한 니즈가 실재하지만 주변 사람들의 가치관에 따라 색이 칠해지므로 그에 대한 대답을 늘 구할 수 없고 또는 그것이 명확하지도 않다. 그렇더라도 미망인이 본인 생물학적 니즈에 대해 말할 때 오히려 그 상대방보다 더 가혹한 심판을 받을 수도 있다.

'선을 넘지' 말아야 한다는 것을 아는 것만으로는 충분하지 않았다. 하나님에 대한 두려움이 커질수록 하나님의 감정에 더 관심을 갖게 되었다. 두려움이란 종교적 법칙을 지키도록 강요된 위협을 의미하는 것이 아니다. 오히려 그 사람이 나에 대해 어떻게 느끼는지가 중요하기 때문에 사랑하는 이에게 상처주지 않는 것에 관심을 가진다.

내가 죄를 지었을 때 하나님을 아프게 했다는 사실을 자각할수록 하나님 은혜의 계시가 내가 돌아서서 달릴 수 있는 힘이 되었다. 죄는 나를 아프게 하기 때문에 하나님을 아프게 한다. 성적 순결이 신체적, 정서적, 영적으로 나를 보호하기 위한 것이기 때문에 중요하다는 것을 이해했을 때, 건강하지 못한 관계나 환경에서 벗어나서 나를 순결로 이끌 수 있는 그것의 가치를 인식할 수 있었다.

'미망인widow'이라는 단어가 마침내 내 머릿속에 들어오고 내가 실제로 그 범주에 포함되는 데까지 오랜 시간이 걸렸다. 미망인은 남편을 잃은 유부녀를 일컫는 말이었지만 차마 입으로 말할 수 없는 단어였다.

미망인 상태는 기혼자 부류와 다른 한물간 사람들의 범주로 당신을 구분하는 오명을 동반한다. 당신은 그것 때문에 괴상해 보이고 다르게 취급된다. 결혼 생활이 '파탄 직전'이라고 비명을 지르는 결혼한 친척과 친구들보다 당신은 더 위축됨을 느낀다.

달콤한 사랑의 과즙을 맛 본 적이 있었기 때문에 내 마음의 겨울에 다시 따뜻함이 찾아오기를 바라는 것은 지극히 자연스러운 일이었다. 아마도 내 인생에서 가장 어려웠던 부분은 스무 살에 내가 원하는 사람을 선택해야 했다는 것이다. 마흔 이후에는 멀리서 함께하는 미래를 상상할 수 있는 사람에게 주목받기를 바랄 뿐이었다.

누군가 말했듯 마흔 살 이후 데이트는 연쇄 살인범의 지하실에 던져진 것과 흡사하며, 또 다른 사람들은 데이트 정보 교환소 목록에 당신이 들어선 것 같은 느낌이 든다는 데 동의할 것이다. 그리고 일부 끔찍한 데이트는 불행히도 그 느낌을 정말 확인해준다.

아이키도-친구

가끔 토요일 저녁에 혼자 집에 있는 것이 너무 지루할 때면, 살아있는 이성과 사귀고 데이트하는 것이 쉬웠으면 하는 생각이 들었다. 불행히도 내가 오랫동안 동경해 왔던 자질을 가진 사람들은 기혼, 동성애자 또는 사망한 사람들이었다.

벤이 세상을 떠난 지 2년이 조금 지나서 나는 아이키도 Aikido 호신술 수업에 등록했다. 나는 이 무술 수련 첫날 발

톱이 부러진 것을 기억한다. 누군가가 균형을 무너뜨리거나 넘어뜨릴 때 올바르게 떨어지는 낙법이 있다는 것을 결코 알지 못했다.

수련 시작 이후에는 자주 멍이 들었으며 바닥에 떨어진 횟수는 셀 수도 없었다. 나는 몇 달이 지난 뒤에도 내 두개골이 여전히 완벽하게 손상되지 않은 것에 안도했다. 나는 수련 중 실제 죽은 사람이 있다는 것을 알아낼 만큼 충분히 오래 되지 않았기 때문에 이에 대해서는 말할 수 없었다.

아이키도에서는 남성이든 여성이든 모든 사람이 수업 시간에 얇은 쿠션이 깔린 매트 위에 뒤집히거나 반복해서 던져지는 동등한 연습 시간을 갖는다. 즉시 제자리로 돌아오는 빠른 모습이 필요하다.

죽은 개처럼 거기에 그냥 눕는 것은 허용되지 않았다. 우리가 방금 절벽에서 떨어져 바위에 착지한 것처럼 느껴지거나 들리더라도 말이다. 어느 선배가 나에게 인생에서도 마찬가지로 우울할 때 빨리 일어나야 한다는 개념이 있어야 한다고 설명했다. 합리적 설명이었다.

얼마 지나지 않아 나는 우리 반 선배 연습생 가운데 한 명이 나에게 다소 관심을 보이는 것을 눈치챘다. 그러나 다시 말하면 그것이 내 착각일 수도 있었다. 그의 수줍고 조용한 태도에 나도 그에게 끌린 것 같았다. 우리는 매주 연습 파트너로서 서로에게 끌리는 자신을 발견했다.

우리는 훈련에서 정기적으로 만났지만 그동안 열 문장 이상 주고받은 적이 없었다. 그래서 언젠가 점심 먹으러 만나자고 물었을 때 나는 2초도 기다리지 않고 "예!"라고 대답했다. 우리는 그 주 후반에 만나기로 했다.

데이트 당일에 입기 좋은 드레스를 골랐다. 조금은 낯설 었지만 동시에 조금 설렜다. 나는 (오래 전) 데이트 신청을 받은 십대처럼 느껴졌다.

나는 식당에 일찍 도착했다. 나는 입구를 등지고 찾을 수 있는 약간 숨겨져 있고 가장 눈에 띄지 않는 구석에 있는 좌석을 선택했다. 누군가 내가 거기에서 데이트하는 것을 보지 않기를 원했다.

나는 내내 초조했다. 벤에게 충실하지 못한 데 대한 죄책감을 느꼈기 때문인지, 아니면 단순히 나를 아는 사람이 그곳에서 나를 발견했을 때 판단받는 것이 두려웠기 때문인지는 확실하지 않았다.

기다리는 동안 나는 결혼반지를 빼서 지갑에 넣었다. 나는 평범한 '이혼한 싱글들'이 하는 일을 하기로 결심했다. 커피를 마시고, 먹고, 이야기하고, 죽은 배우자의 유령이 나를 판단할 것이라는 느낌을 받지 않고 서로를 알아가는 것이다. 어쩌면 이것이 아름다운 우정의 시작이 될 수 있고, 미래에는 진지한 관계가 될 수도 있지 않을까?

나는 약간의 공상을 하기 시작했다. 연애를 한다면 갈 수 있는 활동과 장소를 생각했다. 육체적인 의미만 아니라 남은 인생 여정 동안 누군가가 내 옆에서 걷는 꿈을 꾸었다.

점심은 잘 시작되었다. 전반적으로 처음 30분 정도는 즐거웠지만 그가 말한 어떤 것이 내 입에서 자갈 한 움큼처럼 느껴졌다. 나머지 점심 시간 동안은 골판지를 씹고 있는 것 같았다.

차로 돌아와 지갑에서 반지를 찾아 다시 끼웠다. 내가 너무도 어리석게 느껴졌다. 점심 약속을 수락하기 전에 잊어버린 가장 중요한 질문은 그의 혼인 여부였다.

그가 나에게 데이트 신청을 했을 때 나는 왜 그가 결혼하지 않았다고 생각했을까? 그가 결혼 반지를 끼고 있는 모습을 한 번도 본 적이 없기 때문일까? 그리고 그는 왜 반지를 끼지 않았을까? 아마도 그는 보석을 좋아하지 않았을 것이다. 그래도 적어도 점심 약속 전에는 그 사실을 알릴 수 있지 않았을까? 그러고 보니 유부남인데 왜 나에게 데이트 신청까지 한 거지? 어디인가에 법이 있어야 하지 않을까? 오, 모르겠다. 사형이나 비슷한 것이 없나?

주차장에서 차를 몰고 나가면서 벤을 생각했다. 그가 방금 내가 겪은 일을 봤다면 내 데이트 상대를 피투성이가 되도록 박살냈을 것이다.

자존감

미망인이 되었을 때 우리는 초기에는 상실과 씨름하다가 결국에는 반려자 없이 삶에 대처하고 관리하는 현실에 발을 들여놓다. 우리는 적응하는 법을 배운다. 우리의 입장이 아닌 사람은 우리가 흔히 귀가 먹먹할 것 같다고 묘사하는 침묵을 듣거나 황무지처럼 메마르다고 느끼는 외로움을 알 수 없다.

미망인의 세계는 당신을 알아주는 사랑하는 배우자의 칭찬과 관대한 생각을 영원히 듣지 못하는 것이다. 상실의 전쟁에서 가장 힘든 전투는 자신이 가치 있는 존재라고 느끼기 위해 검증받으려는 필요를 내려놓는 것이다. 사람들은 시간이 지나면 치유되고 모든 것이 괜찮아진다고 말한다. 절대, 그렇지 않다. 시간은 그저 사랑하는 사람과의 물리적 현실에서 당신을 좀 더 멀어지게 하는 거리를 만들어 주고, 이것으로 시간이 지나면서 슬픔의 극단적인 강도가 줄어드는 것이다.

나는 괜찮아지는 법을 배워야 했다. 그래야 다른 사람에게 다시는 칭찬이나 인정을 받지 못한다고 해도 그것이 삶에서 내가 지닌 가치를 감소시키지 않을 것이기 때문이다. 타인의 공감은 짧은 거리에서만 우리와 동행할 수 있다. 당신이 그것을 넘으면 사람들은 그들이 좋은 의도를 가지고 있더라도 믿을 수 없을 정도로 상처를 줄 수 있다. 그러나 그때 나는 결코 소진되지 않는 하나님 사랑에 대한 진리를 배웠다.

『관찰된 슬픔A Grief Observed』에서 C.S. 루이스C.S. Lewis는 "상실로 인한 기이한 현상은 만나는 모든 이들에게 곤란한 사람이 되었다는 것이다. 아마 유족들은 나환자와 같이 특별한 지역에 격리되어야 할 것이다."라고 말했다. 미망인의 문제는 함께 있는 친구 커플들의 어색함을 느낄 수 있었다는 것이다. 나 역시 상당히 어색한 느낌을 지울 수 없었다. 그 소외감은 친구나 자신이 노력하는데도 쉽게 사라지지 않는다.

슬픔의 여파로 내가 놀란 점은 정체성 공백이었다. 아내에서 미망인으로 그저 상황이 바뀌었다고 자존감self-worth이 낮아질까? 나이가 들었다는 이유만으로 이제 평가절하되는 것일까?

진정한 사랑을 만났던 20대 젊은 여자가 여전히 내 안에 있다. 열정과 야망을 가진, 사랑하고 사랑받는 능력을 가진 그녀가 아직 거기 있다. 나는 여전히 내면에서 예전 같이 젊은 정신을 느끼지만, 때때로 거울에 비친 나이든 모습으로 인해 이러한 내면을 제대로 들여다보지 못한다.

지위 또는 아름다움 조차도 많은 방식으로 규정되어 왔다. 내가 세상의 인정에 주의를 기울이고 끊임없이 변화하는 세상 기준으로 판단을 받는다면 자기 연민self-pity의 감정이 생겨날 수 있다. 그러나 감사하게도 하나님은 세상 기준과 다른 기준을 가지고 계신다. 노화를 멈추기 위해 중력을 거스를 수는 없지만, 젊음과 아름다움의 문화가 내

가치를 규정짓는 것은 멈출 수 있다.

진흙탕에 떨어진 동전 이야기를 들은 적이 있다. 동전에게 벌어진 일이 그 가치를 바꾸지 못했다. 그것이 1달러의 가치를 지닌 액면가였다면 여전히 새롭고 깨끗한 동전과 마찬가지로 1달러이다.

그러므로 사람이나 소유물 때문이 아니라 창조주께서 나를 어떻게 생각하시는가에 내 가치가 정해지므로, 다른 사람이 내 가치를 볼 수 있는 능력이 없다고 해서 내 가치가 떨어지는 것은 아니다.

19장
영혼의 결속

하나의 단계에서 계속 나오지만, 그것은 항상 반복된다.
돌고 돌아 모든 것은 반복된다.
- C.S 루이스C.S Lewis 관찰된 슬픔A Grief Observed

어느 날 밤 침대에 누워 마이크 코넬 목사님이 유튜브에서 영혼의 결속soul tie을 주제로 설교하는 것을 들었다.[13] 그것을 들으며 마음은 집중 치료실에서 벤 침대 옆으로 걸어간 장면이 마음에 떠오르기 시작했다. 죽어가는 배우자에게 약속했던 그날 오후가 생각났다.

벤이 더는 고통스러워하는 것을 볼 수 없어서 떠나도록

---

13) Mike Connell, "Breaking Free from Unhealthy Attachments," July 19, 2016, accessed 2018, https://www.youtube.com/watch?v=pFIyetcsdN8

허락한다고 그에게 말했던 기억이 났다. 내가 아이들을 돌볼 것이므로 걱정할 필요가 없다고 확실히 말해주었고, 내가 정한 기간 동안 날 구속하는 서약을 했다. "벤, 영원히 당신을 사랑할 거야."

그때 벤은 진정제를 맞은 뒤라 의식이 없는 상태였다. 말은 힘이 있기 때문에 그가 그 말을 들었든 듣지 않았든 상관없다는 것을 나중에 알게 되었다. 일단 대기 중으로 말이 나오면 단절될 때까지 구속력이 있는 에너지를 운반한다.

수년 동안 고통은 여전히 생생하게 느껴졌고, 마치 모든 것이 어제 일어난 것 같았다. 통상적인 슬픔의 시간이 지난 뒤에도 계속해서 슬픔을 느꼈지만 그 이유를 이해할 수 없었다. 기분이 나아지도록 아무리 노력해도 항상 한 걸음 앞으로 나아가고 두 걸음 뒤로 물러나는 것과 같았다. 지칠 뿐만 아니라 엄청나게 실망스럽기도 했다.

누군가는 죽은 과거에 매달리는 것은 발목에 무거운 짐을 묶고 물에 뜨려고 애쓰는 것과 같다고 했다. 더는 내게 요구되지 않는 약속에 대한 충성과 신의라고 생각했던 것이 사실은 나를 내 안의 감옥에 가두었다. 마치 내가 앞으로 나아가려고 할 때마다 나를 계속 뒤로 끌어당기는 힘과 항상 싸우는 것 같았다.

그러던 중 내 주의를 끈 마이크 목사님의 설교 말씀 내용을 듣게 되었다. "한때는 좋았던 애착이 그 목적에 맞는 시기가 끝난 뒤까지 이를 자신에게 단단히 붙들고 있다면 파괴적으로 변할 수 있습니다." 그의 말이 계속 마음에 맴돌았다. 머릿속에 메아리가 울리는 것 같았다.

그날 밤 내 마음을 하나님 앞에 열어 보였다. 나는 벤을 놓아주고 싶지 않은 나를 돌보아주는 장소로 보았다. 나는 한때 사랑, 섭리, 안전, 승인, 감탄, 확인, 편안함을 위해 그에게 의존했다. 나는 온 존재를 다해 그를 사랑했다. 그는 내 남편이었지만 이제는 하나님께 속해 있었다.

벤이 기억으로만 남아 있는데도 벤을 완전히 잃을까 하는 두려움은 여전히 매우 공포스러운 생각이었다. 지금 눈앞에 있는 모든 것들이 흐릿해 보이는데 한때 그토록 이해되던 것을 어떻게 놓아버릴 수 있을까?

그렇지만 바로 거기에서 나는 광경을 보기 시작했다. 어제의 잔재만 바라본다면 내 앞에 있는 풍요를 누릴 수 없다.

하나님께서 여전히 나를 광야에서 약속의 땅으로 인도하실 수 있다고 확신하고 두 손을 맞잡고 큰 소리로 기도

하기 시작했다. 모든 것을 창조하신 분께 드리는 기도로 모든 분자, 이온 및 입자를 막고 억눌렀다.

나는 소리쳤다. "아버지, 저는 이제 죽은 남편 벤과 영혼의 결속을 예수님의 이름으로 끊습니다! 아멘!"

풀려 나가다

그 순간을 알리는 번개나 천둥소리는 없었다. 그러나 나는 즉시 무언가 바뀌었다는 것을 느낄 수 있었다. 내 선택을 분명히 하여 그 말을 뱉는 순간, 마음 한구석에 묶여 있던 일종의 깊은 슬픔 같은 고통의 무게가 순종하며 떠나갔다. 그러나 나는 단순히 안도감을 상상한 것이 아님을 확인하고 싶었으므로 누구에게도 즉시 말하지 않았다.

이튿날 아침 눈을 떴을 때 나는 익숙한 고통의 애착이 있는지 찾아보았다. 그리고 나는 고통과 무거움이 더는 존재하지 않는다는 것을 알아차렸다. 고통의 무게를 짊어지던 그 같은 공간이 텅 빈 공기주머니 같은 느낌이었다.

나는 그날 정말 맛있는 식사를 즐기러 나가고 싶다고 아들 에드윈에게 말했다. 이상하게 기분이 좋았고 축하하고 싶은 마음까지 들었다. 바로 전날 밤에 드린 간단한 기도 내용을 이야기하자 그 애는 다소 놀란 표정을 지었다. 아버지가 돌아가신 뒤 지난 9년 동안 잃어버렸던 감정을 되찾는 데 단순한 믿음의 기도가 전부였다고 누가 믿을 수 있는가?

나는 정원으로 걸어 나갔다. 멋진 오후였다. 내 얼굴로 태양의 온기를 느꼈다. 깊게 숨을 들이쉬기 시작했다. 갓 싹은 풀과 꽃 향기가 공기를 상쾌하게 했다. 정원의 꽃도 이상하게도 그 어느 때보다 활기차고 생생해 보였다. 그것들이 항상 그렇게 보였나? 나를 따라다니던 익숙하고 뻐근하게 아프고 지속하던 외로움의 고통도 떠난 것 같았다.

나는 실제로 혼자 있는 것을 즐겼지만 외롭지는 않은 행복한 고독의 순간을 점점 더 많이 경험하기 시작했다.

20장
아버지의 유산

많은 재물보다 명예를 택할 것이요,
은이나 금보다 은총(평판)을 더욱 택할 것이니라.
- 성경 잠언 22:11

내 부모님은 모두 일의 전망과 사업 기회에 끌려 동남아시아로 건너 간 초기 중국 이민자들이었다. 전략적 거점 해협을 통한 향신료 무역으로 유명한 항구 도시인 말라카에 그들은 결국 정착했다. 우리 가족은 오늘날에도 여전히 운영 중인 전쟁 이전의 상점가 중 하나에 살았다. 그때의 초기 건축 설계임에도 안뜰 중앙에는 씻기 위한 물을 길어오는 자체 우물도 있었다. 그 옆에는 가족 식사를 준비하는 작은 부엌이 있었다. 나에게 어린 시절의 집은 먼 과거를

연상시키는 많은 추억이 있었다.

계단 조명이 어두웠고 나무 계단이 맨발로 오를 때 삐걱거리는 소리가 나서, 어릴 때는 1층 침실에 가는 것이 상당히 불안했던 기억이 난다. 부모님이 밤에 쉬실 때까지 기다리곤 했으므로 취침 시간에 위층에 혼자 있을 필요가 없었다.

막내였던 나에게 아버지에 대한 가장 생생한 기억은 내 학교 공부에 도움을 주셨던 것이다. 그뿐만 아니라 아래층 거실에서 부모님을 기다리다 잠이 들 때마다 방까지 업어 주시곤 했다.

아버지는 내가 열두 살 때 췌장암으로 돌아가셨다. 아버지에 대한 기억이 거의 없지만 아버지가 나를 업고 있는 모습은 아버지 하나님 개념을 쉽게 이해하는 데 꽤 도움이 되었다. 그가 죽은 지 얼마 안 되어 나는 그리스도인이 되었다.

아이들이 자신의 슬픔과 씨름할 때가 되었을 때, 유일한 부모로서 내가 미흡한 점이 있더라도 아버지와 함께 보낸 애정 어린 세월이 그들이 이 시기를 견디기에 충분하기를 기도할 수밖에 없었다.

추억들

돌이켜보니 아이들이 태어난 첫날부터 사진 일기를 써온 것이 다행이었다. 디지털 사진이 세계를 사로잡기 전, 매달 후지Fuji 또는 코닥Kodak 필름을 구매했다. 자연스러운 일상의 순간 그 자체를 포착하고 남기는 것과 비슷하기 때문에 솔직한 사진이 가장 좋은 경우가 많다.

예전 사진에서 아이들의 다친 무릎을 치료하고, 처음 학교를 보내고, 생일을 축하하고, 벤과 함께 휴가를 떠나는 모습을 보는 것이 어제 일처럼 느껴졌다. 사진에 담긴 모든 표정, 우스꽝스러운 얼굴, 행복과 함께하는 가족의 더없는 즐거운 감정은 바로 사랑의 본질이었다. 모든 사진은 우리를 과거로 데려가 마음속에 부정확하게 저장돼 희미해진 기억으로 사라져버렸을 것들을 상기시켜 주었다.

두 아들은 내가 벤에 대해 계속 말했기 때문에 아버지에 대한 기억이 생생하게 남아 있다고 얘기했다. 동생은 아버지와 함께 정원 그네에서 보낸 애정 어린 시간을 자주 회상했다. 형은 아버지와 함께 미용실에서 머리를 손질하며 친밀하게 보냈던 시간과 아버지가 그를 데리고 다녔던 심

부름을 기억했다.

기억은 과거와 연결하고 현재에 의미를 부여하기 때문에 중요하다. 슬픔은 죽음과 상실에 대해서만 알려주는 것이 아니다. 우리가 살아가는 것에 대해서도 배운다.

큰아들은 자라서 아버지와 같은 분야에서 일자리를 찾았다. 그는 아버지의 연구에 대해 새로운 인식을 갖기 시작했다. 한 번은 아버지의 출판 논문을 사용할 기회가 생겨 그의 작업 가운데 하나의 계산에 적용했다. 아버지의 연구는 오래 전에 출판되었지만, 그 분야에서 수행하는 새로운 연구에 오늘날 여전히 인용된다는 사실을 알고 감격했다.

회사에서 일한 지 2년 뒤, 그는 외국에서 박사 학위를 받기로 했다. 그는 송별 모임을 위해 여러 동료들에게 점심 식사에 초대받았던 내용을 말했다.

점심 식사 시간에 아들은 자신이 아는 다른 회사의 선배에 대해 동료들이 언급하는 것을 들었다. 다소 놀란 그들은 더 물었다. 그는 아무렇지 않게 "오! 아버지의 엔지니어 중 한 명이셔서 어릴 때부터 그를 알았어."라며 대답했다.

그들은 궁금해하며 "아버지의 이름이 어떻게 되니?"라며 물었다.

약간 방심한 아들이 서투르게 중얼거렸다. "어, 갠Gan?" 마치 자신의 성을 되풀이하는 것처럼 어색하게 들렸다. 어쨌든 사람들이 알 것으로 기대하지 않았다. 그러나 그때 누군가 즉시 이해했다. "갠 박사님Dr. Gan이요?"

아들을 포함해 모든 사람이 놀란 표정을 지었다. 사무실로 돌아온 동료 가운데 한 명이 아들을 가리키며 흥분해서 상사 한 명에게 "방금 우리가 알게 되었어요. 이 친구 아버지가 어느 분인지 아세요?"

평소에는 엄하고 말수가 적던 선배가 아들 쪽으로 시선을 돌리며 다소 생각에 잠긴 듯 대답했다. 이어 "아버지가 어느 분이신지 알고 있다."라고 덧붙였다.

아들은 처음엔 다소 어색하게 생각했다고 말했다. 그러나 이상하게 그 단순한 긍정이 남은 한 주 동안 그의 정신을 고양시켰다. 잠언에서 솔로몬 왕은 이렇게 말한다. "의인을 기념할 때에는 칭찬하거니와 악인의 이름은 썩으리라."[14] 탁월함과 성실함, 뛰어난 인물의 정신이 깃든 아버지의 좋은 이름을 유산으로 물려받았다는 엄청난 자부심

---

14) 잠언 10:7, 의인을 기념할 때에는 칭찬하거니와 악인의 이름은 썩게 되느니라.

은 말로 다 표현할 수 없었다.

하루 하루가 지나면서 인생이 계속된다는 것을 우리는 상기할 수 있다. 좋은 소식은 우리가 과거를 결코 잊지 못할지라도 과거가 우리가 갖게 될 전부라는 의미는 아니라는 것이다. 우리는 저마다 또 다른 삶의 이야기를 남길 수 있을 뿐만 아니라 미래 세대가 우리 시대가 지난 뒤에도 계속해서 무엇인가를 얻어내고 그것을 기반으로 무엇인가를 구축할 수 있는 놀라운 유산을 남길 수 있다.

21장
새로운 날이야

"무슨 날이야?"
"오늘이야", 피글렛이 꽥 하고 소리쳤다.
"내가 제일 좋아하는 날이야." 푸가 말했다.

나는 자랄 때 바다 가까이에 살았다. 밀물, 썰물에서부터 해안에 부딪치며 최면을 거는 듯한 파도 소리까지 모든 것이 헤아릴 수 없는 평화와 더 없이 행복한 만족감을 선사했다. 바다는 항상 함께 자란 어린 시절 친구, 우리가 보냈던 전형적인 편안한 가족 해변 휴가, 근심 걱정 없는 나른한 나날을 떠올리게 했다.

우리는 도시로 이사한 뒤에도 우리가 자란 친숙한 "파란 열린 공간(바다)"으로 자주 돌아왔다. 우리는 대부분 주말에 길을 떠나서 나른한 마을과 조용한 지역을 차로 지나 고동치는 파도의 부드러운 소리와 신선하고 짠 바다 공기 냄새에 가까운 곳에서 여유로운 라이프스타일을 찾았다. 그것은 해안 마을로의 짧은 탈출이었지만 일상적 삶에서 멀리 떨어져 과도한 자극을 받은 현대의 스트레스 상태에서 벗어나 가장 중요한 것과 연결될 수 있었다.

몇 년 동안 나는 해변, 우리가 가장 좋아했던 식당 또는 심지어 우리를 아는 사람들을 만나는 것과 같이 벤과 내가 즐겼던 장소를 방문하는 것이 매우 두려웠다. 우리 가족이 가장 좋아했던 고향 해변의 해안도로 옆 장소가 있었다. 슬픔에 잠긴 지 5년이 되어서야 익숙한 바다의 해안선에 설 수 있었다.

맨발에 닿는 건조하고 햇빛에 데워진 모래의 감촉이 반갑고 즐거웠다. 다른 사람들과 달리 벤이 어디 있는지 묻지 않는다는 사실에 안도했다. 벤과 함께 있을 때나 지금처럼 없을 때나 똑같이 환영받는다고 느꼈다.

수평선에는 고요한 옅은 청록색이 진정되고 치유되는 색깔들을 만들었다. 바다와 하늘의 부드러운 무지개 빛깔은 내 앞에 가능성의 세계를 열어주었다. 광활한 공간과

천상의 아름다움 속에서 희망이 솟아났다. 삶이 고통스럽고 목적이 거의 없을 때도 앞으로 더 나은 날이 오기를 바랐다. 상실이 있지만 정말로 중요한 아름다움이 여전히 내 주변에 있기 때문에 나는 희망을 가지고 살고 싶었다. 나는 단지 새로운 눈과 깨끗한 마음을 통해 나에게 오는 나날들을 보는 법을 배우고, 여전히 내 숨을 그의 손으로 잡고 계시는 분을 받아들여야 했다.

하늘을 올려다보며 소나기가 내린 뒤의 무지개나 해돋이에서 강렬한 오렌지색, 진홍색 광채의 장엄함 그리고 밤이 오고 황혼이 질 때 창공을 가로지르는 오렌지색, 반짝이는 분홍색, 어스름한 보라색의 장난기 넘치는 소용돌이를 볼 수 있었다. 잠깐 침묵이 있고 나서 새벽은 다시 한번 빛과 함께 갈라져 나왔다. 시간과 계절을 변화시키시는 하나님이 계시기 때문에 나에게 모든 것이 잘되고 앞으로도 계속 나아질 것이라는 희망을 주었다. 하늘에 별을 세우시며 물을 구름에 싸시는 이가 바로 그분이시다. 그리고 그분은 우리를 지탱해줄 그의 사랑이 존재하지 않는 곳으로 우리를 결코 인도하지 않으실 것이다. 오직 그 분만이 하나님이시며 그분은 여전히 모든 것을 통제하고 계신다.

현재의 인생 너머에 대한 희망은
삶을 가치 있게 만든다.

당신이 사랑을 받는다면 심지어 이 세상에서 다음 세상으로 넘어갈 때도 그 사랑은 결코 끝나지 않는다고 나는 진심으로 믿는다. 그리고 천국에 대한 소망은 앞서간 사람들이 거기 있기에 더욱 달콤해 보인다. 기독교인으로서 나는 누군가가 죽으면 그가 사라진 것이 아니라고 믿는다. 그것은 끝이 아니며 얼마 뒤에 그를 볼 수 있을 것이다.

2000년에 어머니가 돌아가셨을 때 천국에 관한 책을 많이 샀다. 그녀가 천국에 있다는 것을 나는 의심하지 않는다. 벤처럼 자기 삶을 그리스도 손에 맡기기로 결정했을 때 마침내 그녀는 하나님과 함께 평화를 이루었기 때문이다. 그녀와 벤, 그리고 나보다 앞서 간 다른 사람들을 생각할 때 천국에 대한 소망은 나에게 엄청난 위로를 준다.

남편을 생각하지 않은 날이 하루도 없었다. 슬픔의 여러 단계에서 너무 많은 감정이 나에게 떠올랐다. 나는 어느 시점에는 분노^{rage} 단계에 도달했다. 마치 그에게 선택권이 있었던 것처럼 느끼며 나를 떠나기로 선택한 적이 없었던 그 불쌍한 남자에게 내가 왜 그렇게 화가 났을까? 잘 모르겠다. 내 감정을 이해할 수 없었지만 격노livid만 아니라 다른 많은 감정이 동시에 생기고 있다는 것은 알 수 있었다.

내가 침실 바닥에 누워 있었던 것을 기억한다. 차가운 타일 바닥을 양 손으로 계속 쾅쾅 쳤다. 집 밖의 사람들이 들을 정도로 큰 소리로 흐느꼈지만 신경 쓰지 않았다. 예의 바르게 조용히 슬퍼하지 않기로 했다. 아주 심하게 아팠지만 손에 가해진 고통 때문이 아니고 마음 때문이었다.

남편이 항상 곁에서 나를 돌보겠다고 말했던 지키지 못한 약속에 화enraged가 났다. 그가 죽었다는 것에 화mad가 났고, 그가 가버린 지금 혼자 사는 현실을 직시해야 했다. 이 형편없는 세상에서 너무나 모호해 보이는 모든 것에 대처하도록 나는 남겨진 반면에 그는 천국에 있다는 것에 대한 터무니없는 질투를 느끼며 당혹bewildered스러웠다.

나는 또한 때때로 모르는 것보다 무엇인가 아는 것이 있을 경우 두렵지 않다는 것을 발견했다. 사전에 지나칠 정도로 세부 사항에 집착하기 시작했다. 어떤 일이 발생하기 훨씬 전에 잘못될 수도 있는 사태에 대한 가능한 해결책을 수립하려 했다. 이제부터 준비되어 있고 싶었고 방심하거나 놀라지 않을 것이라고 자신에게 말했다. 문제를 예상하거나 아직 일어나지 않은 일을 사전에 걱정하는 데는 훨씬 더 많은 에너지가 필요하다는 것을 곧 배웠다. 그것은 온종일 공중에 펀치를 날리는 것과 같았기 때문이었다. 하루하루를 이렇게 사는 것에 지쳤다.

여러 차례 숨쉬는 것조차 아파 자살을 생각했다. 단지 고통을 그렇게 간절히 끝내고 싶었다. 그러나 매번 빛처럼 명료한 생각이 동시에 내게 떠올랐다. 내가 자살했는데 벤과 다른 세상에서 깨어난다면 어떻게 하지?

기독교인으로서 삶이 선물인 것처럼 죽음도 선물이라고 믿는다. 성경은 날 때가 있고 죽을 때가 있다고 말한다. 그리고 시간은 전능하신 하나님께 속한다. 자살은 현세의 세속적 문제 상황들을 끝낼 수 있을 뿐, 내세에서 우리 영혼이 어디에서 계속 살 것인지를 결정하지는 않는다. 인간에게 시작은 있지만 끝이 없다는 것은 아주 정신이 번쩍 드는 생각이다. 영혼은 죽을 수가 없으므로 태어난 모든 사람은 결코 존재를 멈출 수 없다.

지난 25년간 임상적 사망 진단을 받은 사람들 경험에 대한 설명이 많이 문서화되었다. 고대 종교 이야기와 현대

의사들의 연구는 육체가 죽은 뒤에도 영혼[성격, 의식, 나]이 계속해서 새로운 환경에서 듣고 생각하고 느낀다고 반복하여 말한다. 임상적으로 죽은 사람을 포함한 임사체험에 대한 기록은 공포로 가득 찬 혐오스러운 장소에 도착했거나 행복하고 밝고 즐거운 영역에 도착했다고 설명했다.

나는 이 세상이 다음 세상을 위해 우리를 의미 있게 준비시킨다고 진심으로 믿는다. 지금 우리에게 일어나는 모든 일을 이해하지 못할 수도 있지만 언젠가는 모든 것이 명확해질 것이다. 죽음은 안도감이 되며 길 끝에서 만나는 분이 예수님이라면 죽음이 두렵지 않다. 그것은 졸업이며, 귀향이며, 보상이다.

그래서 모든 것이 일처럼 느껴지고 의미나 목적이 거의 없는 어려운 날에도 천국의 소망이 나를 지탱해 준다. 그것은 하나님께로 돌아가 그분의 약속 안에서 안식하도록 도와준다. C.S. 루이스C.S. Lewis가 말했듯이 지구상의 모든 아름다움과 기쁨은 "오직 발견하지 못한 꽃의 향기, 듣지 못한 선율의 반향, 가본 적이 없는 나라의 소식"을 나타낸다.

천국이 있다는 관점이 현재 인간의 삶을 덜 소중히 여긴다는 의미는 아니다. 삶은 살아있는 자를 위한 것이므로 이것이 삶의 목적을 없애지는 않는다. 삶의 가치를 짐이 아닌 선물로 보는 것은 나를 더 충만하게 살 수 있게 해준다. 그것은 내가 진정으로 사랑하는 법을 배운 만큼 깊이 있게 사는 법을 가르쳐준다.

남겨진 사람들에게 죽음은 가혹하다. 배우자나 자녀가 죽었을 때 그들을 향한 사랑을 결코 멈추지 않는다. 사랑이 끝나지 않았는데 왜 슬픔이 끝나기를 기대하는가?

스티븐 킹은 『자루 속의 뼈 Bag of Bones』에서 "이것이 우리가 계속 하는 방식이다. 한 번에 하루, 한 번에 식사, 한 번에 고통, 한 번에 호흡"이라고 썼다. 그러나 언젠가는 다시 태양이 빛날 것이라는 희망이 있다. 그날이 더 밝아 보일 것이다. 삶이 완전히 똑같지는 않더라도 계속될 것이다.

매일 하루를 소중히 하라

돈 아이젠하워 Don Eisenhauer는 그의 저서 『생의 마지막 여정을 돕는 웰다잉 코칭 Coaching at End of Life』에서 "슬픔의 여정을 걷는 것은 인생을 바꾸는 것이다. 아무도 슬픔을 경험하길 선택하지 않는다. 거의 항상 원치 않았고 계획하지 않았다. 그러나 많은 사람에게 슬픔의 여정은 놀라울 정도로 성장하는 경험이다."

삶의 일정에서 사랑하는 이의 죽음에 적정한 시간은 없다. 나는 벤이 나와 함께 여기로 돌아올 수 있다면 무엇이든 할 것이다. 내가 배운 것이 그의 죽음만큼의 가치는 없지만 많은 것을 배웠다. 상상할 수 있었던 것보다 훨씬 더 많이 성장했다.

슬픔을 통해 삶이 비관적이고 비판적이며 결점을 찾는데 시간을 낭비하기에는 삶이 너무 소중한 선물이라는 것을 배웠다. 더 잘 알지 못했을 때 저지른 모든 실수에 대해 자신을 용서한다. 그리고 그들이 원하든 원하지 않든 모든 사람의 실수를 용서한다.

자신의 독특함을 받아들이고 있는 그대로의 가장 진정한 모습으로 사는 법을 배웠다. 하루를 소중히 하는 법을 배웠다. 다시 미소 짓고 웃는 법을 배웠다. 매일 하루와 거저 얻은 삶의 선물을 찬양하며 잠에서 깨는 법을 배웠다. 자신을 돌보는 법을 배웠다. 삶이 내게 준 풍요를 보는 것을 선택하고 결핍에 집중하지 않았다. 혼자서도 외롭지 않다는 것을 배웠다. 여전히 할 일, 갈 곳, 배울 언어, 즐길 취미가 있다. 나를 외롭게 하는 것은 사람이 없기 때문이 아니라 잘못된 사람들과 어울리기 때문이라는 것을 알게 되었다.

사회적 은둔자로서 꽤 만족할 수도 있지만 공동체의 중요성을 배웠다. 지역 교회에서 기타리스트 봉사 기회가 생겼을 때, 그것은 내가 즐기는 일이었으므로 마침내 꼭 맞는 역할을 찾았다고 생각했다. 시간이 지나며 내가 가진 작은 것을 발전시키자 그것은 더 커졌다. 내게 편한 것보다 더 많은 일을 하기 위해 기꺼이 나서게 되었을 때 삶의 더 많은 영역이 개발되는 것을 보기 시작했다. 다른 사람에게 자신을 더 많이 내어줄수록 결코 예상하지 못한 방식으로 더 많은 것을 얻었다.

그것은 나에게 음악이나 글일 수도 있지만, 아이들과 함께 일하는 것일 수도 있고 다른 누군가를 위해 공동체 급식소에서 하는 자원봉사일 수도 있다. 오직 당신만이 그것을 결정할 수 있지만, 이는 자신에게 파악할 기회를 줄 때까지 알 수 없다. 심하게 자극을 받거나 또는 타고난 재능을 사용할 기회를 만나거나 요청을 받았을 때 그냥 한번 해보라. 문제는 열린 상태를 유지하는 것이다. 시간이 지나며 열정적으로 다른 사람에게 베풀고 봉사하는 일에 최선을 다할 때 더 많은 영역들이 발전하면서 당신은 뜻밖에 기쁨을 느낄 것이다.

나는 봉사를 통해 규율, 겸손 및 특정 대의에 대한 헌신의 중요성을 배우고, 가장 중요한 점은 다른 사람들과 계속 연결됨으로써 봉사의 기쁨을 느꼈다. 우리는 혼자 슬퍼하지만 공동체 내에서 치유된다는 것도 배웠다. 우리는 사람들과 함께 일하는 법을 배우고 다른 사람을 돌보는 법을 배우고 보답한다.

나는 그 어느 때보다 하루하루를 소중히 여기는 법을 배운다. 과거에 자주 놓쳤던 집안일, 일상, 심지어 아무 생각 없는 일과 같은 평범하고 작은 것들을 알아채고 감사하는 능력을 기르는 법을 배운다. 그리고 때로 지친 모든 어른에게 매 순간 웃음이, 매 순간 기쁨이, 매 호흡마다 사랑이 숨어 있음을 가르치는 것에는 우리 안의 어린아이가 필요하다.

후기: 성찰

"파란 색(우울함)도 크리스마스 시즌의 진정한 색상입니다."
- 낸시 테일러Nancy Taylor 목사

이 책의 1년 개정판 작업을 하는 이번 주가 남편이 사망한 지 11주년이 된다. 다시 한번 연휴 시즌이 되었음을 절실히 느낀다. 누군가에게는 1년 중 가장 신나는 시간이지만, 사랑하는 사람이 없는 사람들에게는 12월이 가장 힘든 시기일 수 있다. 아들들과 내 생일이 모두 한 해의 마지막 분기에 있어서 슬픔의 물결은 12월이 되기 몇 달 전부터 표면화되기 시작한다. 생각해보면 사랑하는 사람에 대한 슬픔과 애도, 우울증과 대처 방법에 대해 이전보다 훨씬 더 많이 알게 된 뒤에도 여전히 나를 놀라게 한다.

12월은 내가 가장 두려워하는 달이다. 즐거운 크리스마스 음악과 눈부시게 화려한 축제 조명, 장식으로 가득 찬 즐거움이 공기를 가득 채우기 때문이다. 이 시즌이 다가오면 그리움, 박탈감, 동경, 취약함, 강인함, 불안 등의 감정이 여전히 당혹스럽고 고조된다.

크리스마스는 뜨거운 코코아 머그잔처럼 마음을 따뜻하게 해주는 시간이다. 지난 한 해를 성찰하는 분위기로 당신을 숄처럼 감싼다. 많은 사람이 특별하다고 여기는 이 시기는 다른 어떤 때보다 더 많은 통증과 곤두선 신경을 유발할 수 있다. 우리는 때때로 그저 타인들을 위해 행복과 '모든 것이 잘되고 있다'는 느낌을 얻으려 너무 열심히 노력하는 것은 아닐까? 그 결과 우리가 잘못된 방식으로 뭔가를 하면 비참하고 화를 내며 혼란스러워진다. 그것은 우리에게 좋은 것보다는 더 큰 죄책감과 실패감을 남긴다.

크리스마스 전날이었다. 남은 오후 내내 자려고 차양을 내릴 때 가족 친구인 던Don에게서 요즘 어찌 지내는지 묻는 문자를 받았다. 연휴 시즌이어서 당연히 내가 힘들 거라 생각했다. 그는 아버지가 돌아가신 뒤 슬픔의 감정에 너무 익숙해졌다.

나는 올해는 다른 방식으로 살겠다고 결정했던 것을 그에게 알려주었다. 배우자가 죽은 뒤 그래왔던 것처럼 연휴를 피하거나 성의 없이 참여하는 대신 성탄절, 신년 축하를 수용하겠다고 결정했던 것이었다. 슬픔과 미망인의 여정에서 많이 성장하고 배웠으므로 사람들과 활동이 있는 주류 사회로 돌아갈 준비가 되었다고 정말로 믿었다. 그래서 옷을 갈아입고 교회에 갔다.

나는 우리 교회와 사람들을 사랑한다. 그들은 내게 '가족'이라 할 수 있는 가장 멋진 사람들이다. 교회에서 초반의 시작 시간은 좋았지만 중반이 지나며 점점 더 나는 압도당했다. 연휴를 축하하려고 각지에서 집으로 돌아온 옛 친구, 새 친구를 모두 환영하는 분위기가 감돌았다. 그날 아침 교회에서 친구들과 어울리고 연휴 분위기를 나누려고 갔지만 그날 아침 가족의 부재와 깊은 그리움에 압도당할 줄은 몰랐다. 내가 생각했던 것만큼 이 연휴를 축하할 준비가 되어 있지 않다는 것을 깨달았다. 나는 슬픔에 대해 그저 머릿속으로 이제부터 달라질 것이라고 가정한 것이 얼마나 어리석은 일인지 다시 한번 떠올렸다.

"진정으로 슬픔이 끝나는 데 얼마나 걸릴까요?" 던에게 메시지를 회신했다.

"슬픔은 끝나지 않아요." 그는 문자로 답했다. "그저 지금 당신이 겪는 모든 것을 느끼도록 하세요. 당신의 슬픔은 벤과의 깊은 사랑과 친밀한 관계의 결과이니까요."

이제 크리스마스 시즌이 휴일 내내 떠오르는 빈 의자, 그리운 얼굴, 조용한 목소리로 인해 통증이 다시 드러나는 가족들에게는 특별한 지옥이라는 것을 깨달았다. 사랑하는 이가 세상을 떠난 사람들에게는 휴일은 결코 잊히지 않는 사랑으로 인해 아픔을 떠올리게 되는 고통스러운 기억일 뿐이다.

벤은 1월 첫째 주에 죽었기 때문에 12월은 항상 힘들다. 그 깊은 아픔은 아들의 졸업식 때와 몇 년 전 아들의 결혼식에서도 느껴졌다. 그때 모두 나는 숨을 가다듬고 무너지지 않으려 애쓰며 버텼다. 그러나 12월은 오래된 반복되는 아픔이었다. 나는 이제 싸울 필요가 없다는 것을 배웠다. 나는 단지 일을 다르게 할 필요가 있었다. 나를 도울 일을 해야 했다.

배우자가 죽은 지 11년이 지난 뒤에도 슬픔을 경험하는 취약성이 늘 함께한다는 것을 깨닫게 되었다. 상실감은 시간이 지나면서 계속해서 형태가 변하지만 이것이 사랑하는 이가 없는 공허함을 시간이 흐르며 자연스레 고칠 수 있다는 의미는 아니다.

그날 오후 친구 던과의 이야기가 슬픔은 지속하는 과정임을 이해하는 데 도움이 되었다. 그들에 대한 사랑을 멈추지 않는 한 그것은 결코 끝나지 않는다. 사랑이 결코 없어지지 않듯이 슬픔도 그렇다. 한 번의 상실을 경험한 영향이 평생 여러 단계에 걸쳐 파문을 일으키기 때문이다. 앞으로 나아가거나 극복하는 것은 없다. 가슴에 느껴지는 아픔에 대한 해결책도 없고 고칠 수도 없다. 우리는 그 속에서 계속 성장할 뿐이다. 그렇지만 깊은 슬픔을 알기 때문에 당연하게 여길 것이 아무것도 없다는 것도 알고 있다. 내 가장 친한 친구이자 남편이자 아이들의 아버지인 벤과 함께 경험한 것을 죽음도 앗아갈 수 없는 것이다.

펠리시아 G Y 램 Felicia G. Y. Lam

2019년 1월 2일

죄인의 기도 A Sinner's Prayer

우리 주 예수님,

이제부터 제 삶의 매 숨결을 보시기를 원합니다.
저의 모든 죄를 용서하시고
당신의 피로 정결케 해 주소서
저는 마음으로 믿고 입으로 고백합니다.
예수님은 이제 제 영혼의 구원자이십니다.
저를 구원해 주셨음에 감사드립니다.
당신의 생명책에 제 이름을 기록하시고
이 삶이 끝날 때 천국에서 당신과 함께
더 나은 삶이 계속되도록 하심에 감사드립니다.

우리 주 예수님의 이름으로 기도드립니다.
아멘

참고 문헌

C.S. Lewis. *A Grief Observed*. Faber and Faber, 1961.

CS Lewis. *The Weight of Glory and Other Addresses*. New York: Macmillan, 1949.

Don Eisenhauer. *Coaching at End of Life: A Coach Approach to Ministering to the Dying and the Grieving*. Coaching4Clergy, 2012. 『생의 마지막 여정을 돕는 엘다잉 코칭』 정익구 옮김. 한국코칭수퍼비전아카데미. 2023.

Don Eisenhauer. *Life Lessons from dragonflies: Helping us face the inevitable end of life issues*. PDF edition, 2012.

Elisabeth Kubler-Ross. On Death and Dying, London: Routledge, 1973.

Erwin W. Lutzer. *One Minute After You Die*, Moody Publishers, Chicago, 1997.

Nancy Schimelpfening. *Beyond Sadness: Is It Clinical Depression or Sadness?* 2003.

Psychological Aspects of Widowhood and Divorce. J.K.Trivedi, Himanshu Sareen, Mohan Dhyani, 2009.

Raymond Moody, *Life after Life*, Mockingbird, 1975.

Sheryl Sandberg and Adam Grant. *Option B: Facing Adversity, Building Resilience and Finding Joy*, PDF version, 2017.

저자 및 역자 소개

저자: 펠리시아 G Y 램

펠리시아는 두 아이의 엄마로 책을 내기 전까지는 글을 쓴다는 생각을 하지 못했다. 이 책이 그녀의 첫 작품이다. 지금까지 독자들은 그녀가 운영하는 블로그를 통해 상실의 슬픔, 음식과 법률(회사에서 직업)에 대한 여러 글들을 볼 수 있었다.

그녀는 법대를 우수한 성적으로 졸업하고 수년간 법률 분야에서 실무 업무를 하였으며, 최근에는 건축, 범죄학, 정원 가꾸는 데에 열정을 보이고 있다. 그녀는 현재 장성한 두 자녀와 함께 말레이시아에 거주하고 있다.

역자: 강준호 코치(직업인을 위한 실존 및 영성 코치)

초등학교 입학 전에 어머니가 병환으로 세상을 떠난 뒤, 학창시절 내내 죽음과 실존의 문제에 대해 고민했다. 불교의 가르침과 동양 사상을 통해 인생에서 마주하는 고통의 원인과 그것의 해결 방법을 찾고자 노력했다. 대학에 진학한 뒤에는 절친했던 학과 친구와 선배의 연이은 임종을 지켜보며 깊은 삶의 허무를 느끼기도 하였다.

인생의 근원적인 고민을 해소하고자 명상, 수행, 심리치료, NLP, 최면, 자아 초월, 코칭, 명리학 등에 관심을 가졌다. 회사 생활을 시작하고 결혼한 뒤에는 개인사적으로 깊은 아픔을 경험하며 성당을 통해 기독교를 접했다. 몇 년 전부터 우연한 계기로 교회를 다니며 거대한 운명 앞에 놓인 인간의 실존과 자아실현, 영성 측면에서 초월적 삶의 자세에 대해 묵상하고 체험하는 시간을 보내고 있다.

서울대 원자핵공학과 졸업 후, 여러 국내 및 외국계 기업에서 인사 기획, 운영 업무를 20여 년 이상 수행하며 많은 동료 회사원이 경험하는 다양한 삶의 전환기 주요 주제들을 함께 고민하는 시간을 보냈다. 현재는 글로벌 게임 개발 및 퍼블리싱 회사인 Krafton(크래프톤) 인사 부문장으로 재직하며 HR 업무를 총괄하고 있다.

주요 번역서로 『코칭심리학(2판)』, 『리더의 속살』 등이 있으며 현재 한국 커리어 컨설턴트 협회 정회원으로 개인 커리어 성장 측면에서 고민하는 사람들의 '생각 파트너'로서 기여하기 위해 노력하고 있다. 특히 최근에는 헬스 트레이너, 헤어 디자이너, 바리스타, 플로리스트, 프리랜서 개발자 및 그래픽 디자이너 등 개인 사업가형 직무 종사자들의 독립적 커리어 성장 및 직장을 떠나게 되는 50~60세 사람들의 새로운 인생 설계에 관심을 두고 이들의 성장에 도움을 제공하는 방법을 함께 고민하며 실험하고 있다.

(nyaong001@gmail.com)

고통의 틈에서 아름다움 찾기
슬픔과 미망인의 여정에 대한 회고

초판 1쇄 발행   2023년 4월 12일

펴낸이 | 김상복
지은이 | 펠리시아 G Y 램
옮긴이 | 강준호
편 집 | 정익구
디자인 | 이상진
제작처 | 비전팩토리
펴낸곳 | 한국코칭수퍼비전아카데미
출판등록 | 2017년 3월 28일 제2018-000274호
주 소 | 서울시 마포구 포은로 8길 8. 1005호
문의전화 (영업/도서 주문) 카운트북
　　　　전화 | 070-7670-9080   팩스 | 070-4105-9080
　　　　메일 | countbook@naver.com
　　　　편집 | 010-3753-0135
　　　　편집문의 | hellojisan@gmail.com 010-3753-0135
www.coachingbook.co.kr
www.facebook.com/coachingbookshop

ISBN 979-11-89736-55-2
책값은 뒤표지에 있습니다.